金敬迈

画传

余秋里 画传

陈道阔 著

人民出版社

目　录

一、15岁自愿成为少年红军战士

1914年11月15日（农历九月二十八），余秋里出生在江西省吉安县敦厚镇坪里村一个贫苦农民的家里。因为出生在秋季，父母给他起名余秋里，这个名字伴随他革命一生。

父亲余焕然，名有书卷气，其实是无缘学堂老实勤劳的憨厚农民。母亲戴氏没有名字，是心地善良、吃苦耐劳的家庭妇女。

余秋里家有两亩五分地，两亩滩地，另租种地主的田23亩。地租占收成的五成到六成，父母和他三人辛苦一年，即便收成好，一多半粮食也要交租，只能勉强糊口，若遇灾年，生

余秋里故里：江西省吉安县禾水边的敦厚镇坪里村

余秋里故居

余秋里童年读书的
坪里村罗氏宗祠

2

活就非常艰难。

吉安古称庐陵，历史上曾出过 20 名状元，32 名榜眼、探花，有"隔河两宰相，五里三状元"之说。但余秋里家却因贫穷，祖父和父亲两代不识字，他 7 岁入本村私塾读书，3 年后交不起 6 斗米的学费，辍学回家帮父亲种田。

余秋里第一次感受人间冷暖，是在 13 岁那年秋天他帮父亲打谷扬场，拢起一堆金灿灿的谷子，可地主派来的收租人就在田头守着，刚一打完，稻谷就当作地租全部拿走。一年的汗水全无，父母回到家里痛哭了一场。

这一年因祖父过世和父亲生病，欠下地主一百多吊钱和 14 担稻谷。欠债要还本无可厚非，可余家的日子还怎么过？余秋里对逼租的地主产生了强烈仇恨。

这一年又发生了一件事，村里罗姓富户的老婆是有名的泼妇，这天不知谁招惹了她，破口大骂些很不入耳的脏话。余秋里的母亲实在听不下去了，劝说了她一句，她更加暴跳起来。这泼妇不多久得急病死了，罗家竟诬指余秋里的母亲把她气死。财大气粗的罗家 10 多条汉子闯进余家，杀了余家的猪，硬逼余家买白布做孝服为泼妇送葬。为此，余家又欠了一笔债。

无奈，余秋里和父亲只好去吉安县城当搬运工。回乡过春节，刚进家门，讨债的就来了。

父亲好言求情宽限日期，母亲在一边流泪，遭到的却是厉声斥责和冷嘲热讽，辛苦打工挣的钱被搜刮

赣江边的小小搬运工
(国画·程新坤作)

一空。余秋里牙巴骨咬得响：这样的日子，真是过不下去了。

1929 年，吉安地区农民运动风起云涌，坪里村也有了共产党。地下党员余文元经常召集村里的贫苦农民开会，宣传穷人要过好日子，就要跟共产党闹革命，打土豪，分田地。余秋里觉得生活有了盼头。

10 月的一天，余文元召集余秋里等青年农民秘密开会，决定第二天和附近几个村的农民联合起来举行暴动。会议结束后已是子夜，余秋里躺在铺上辗转难眠。他想告诉妈妈，儿子要参加暴动，要革命了。但余文元反复叮嘱过，这次行动要绝对保密。

暴动其实很简单。场院上集合了余秋里和他的数百

革命青年聚会之地——
余秋里家的阁楼

儒林赤卫队战士——
十五岁的少年余秋里（国
画·程新坤作）

梅岭下村——余秋里从这里开始了他的革命旅程

农民兄弟们，黑压压的一片，每人手里都有一样武器：大刀、梭镖或木棍。农运领导人周曼朵站在石碾上讲话。他是本地烧窑的工人，口齿清楚，见多识广。

"禾埠桥和黄家村的土豪劣绅，残酷地欺压剥削我们！我们要过上好日子，就要找他们算账！"周曼朵猛地高举起拳头，一声大吼："打倒土豪劣绅！"

"打倒土豪劣绅！"场上雷霆滚动。

周曼朵领着这支队伍扑向黄家村，冲进地主的大院，将他们的财物分给穷人。

驻守吉安县城的国民党军闻讯赶来镇压，余文元准备将暴动队伍转移到山里去。他看余秋里还是个孩子，心疼地说："秋里呀，你年纪还小，回村里去吧，应该不会有危险。"

余秋里人小心可不小：怕危险就不会暴动！那吃了上顿愁下顿的苦日子，我一天也过不下去了！"不，我决不回去！"余秋里人小嗓门大："我要参加红军！"

就从这一天起，余秋里成为了中国工农红军儒林赤卫大队一名战士，从此告别父母，开始了南征北战、追寻真理的漫漫远行，直至 54 年后的 1983 年 5 月 19 日，他才重新回到家乡探望。

二、在红军学校第四分校边工作、边学习

在革命队伍里，余秋里进步很快。1929年12月，余文元介绍他加入了青年团。1930年5月，余秋里已升任赤卫大队分队长。1931年5月，不满17岁的他转

吉安县陈家祠堂：余秋里在这里宣誓入党

为中共党员。

1930 年 5 月，已升任赤卫大队分队长的余秋里，率领战友们参加了 8 次攻打吉安的战斗。

6 月 28 日，第六次攻打吉安时发动 10 万工农群众配合，将吉安县城四面包围，发起一次次排山倒海的冲击，先后攻占真君山、天华山、螺子山，歼敌百余，但终因缺少攻城利器，功亏一篑。

10 月 3 日，第九次攻打吉安。余秋里和他的战友们带着稻草、柴刀、梯子、木板等，紧贴主力红军跟进，草填沟，板搭桥，梯挂崖堡，刀砍铁丝网……一步不落。10 月 5 日，吉安城破，守敌崩溃。余秋里和他的战友们进驻发电厂附近。

江西省苏维埃政府主席曾山

夜色朦胧中，余秋里来到发电厂里转悠，对一台 50 千瓦发电机产生了兴趣，鼓捣着竟然发动起来。轰鸣声里，周遭通亮。据说，这让正在黑灯瞎火里主持会议的江西苏维埃政府主席曾山大惊大喜。

1931 年，在湘赣苏区的第一次反"围剿"中，余秋里任赤卫队第一中队队长，他率领队伍配合红 20 军和湘东独立师攻击永阳守军。战斗异常激烈，红军向七里坪残敌发起最后冲击。就在这时，他的头部遭受重创。

这是红军初创时期最艰苦的年代，别说缺医少药，

9

连医疗机构都没有。地方党组织将余秋里安置在一户农家疗养，请一位老中医为余秋里疗伤。

农家清洁安宁，老大嫂像待幼弟一样招待余秋里。老中医亲自采集中草药，自己放在嘴里嚼烂了，再小心地敷在余秋里的伤口上。他又找来南瓜瓤，严严实实地包住其受伤的部位。在老中医的细心调理下，余秋里的伤口渐渐愈合，痂疖蜕去，伤痛爽然全失，只有一块光洁的疤创。

余秋里重返部队时，儒林赤卫大队已编入红20军。他被留在吉安县委，担任工农检查委员。1933年9月，第五次反"围剿"开始，为了培养军事干部，11月湘赣省苏维埃政府主席谭余保找余秋里谈话，抽调余秋里到红军学校第四分校学习。

开学一个月后，学校领导找到余秋里说，红校要扩大，急需一批干部，学校准备调你去军事队当政治指导员。余秋里已对学习产生了浓厚兴趣，他要求毕业以后再去。领导不同意，在余秋里的再三请求下，最后他同意余秋里一边工作，一边学习。就这样，余秋里一边工作，一边坚持听课，学完了红军学校的全部课程。这次学习，全面提高了余秋里的文化素质、政治水平和军事技术，为他以后担负军政领导工作打下了很好的基础。

神奇的中草药 |

湘赣省苏维埃委员会旧址

红军第四分校旧址

三、西征路上两次绝处逢生

红军时期的任弼时

担任军事队指导员不久的一个早晨，余秋里正带领连队出操，任弼时同志来到了红军学校。任弼时中等身材，留着胡须，身穿灰色军装，既文静，又严肃。他本来任中共苏区中央局副书记兼组织部长，1933 年 5 月调任中共湘赣省委书记。

他在几位领导的陪同下，缓步向余秋里走来。他问了余秋里的名字和职务后，又问道："你说一说，怎么样才能成为一个优秀的红军干部啊？"

"要有觉悟！"余秋里挺着胸脯，不假思索，"不

怕死!"

"还有呢?"

"还要懂得战术和军事技术!"

"嗯，不错，这两条都很重要哇。但是还有一条更
重要，"任弼时点点头说:"要会带兵，关心战士，爱护
战士。"

这是余秋里第一次见到任弼时同志，他平易近人的
态度，给余秋里留下了深刻印象。

1934 年 10 月，红 6 军团西征来到贵州石阡县的甘
溪镇，突然遭到国民党军的包围，虽打退敌人的多次冲
锋，但敌人越来越多。事后才知道，这次伏击红 6 军团
的湘、桂、黔敌军有 20 多个团。

西征突围的红军部队

在陷入重重包围、部队拼死抵抗时，任弼时保持高度的冷静，他带着一个通信员，找到一个靠打柴为生的老人。任弼时知道，贺龙同志在这一带的老百姓中有很高的威望，他对那位老人说："老人家，我们是贺龙的队伍，你能不能给我们指一条出山的小道？"老人沉思了一会儿说："路是有一条，可是难走得很啊！"任弼时说："只要有路，就可以了。"

老人带任弼时走了一段路，指着山坡说："东南面的山沟，20年前是一条通往岑巩的大道，因为多年没有人走，长满了一层又一层的梢林，只要你们能砍开梢林钻进去，十几里外就能见到人家。"

任弼时听了，立即命令通信员："快！快去把情况报告萧克、王震同志，组织部队向东南方向突围。"

天色已近黄昏，余秋里所在的红四分校从阵地撤下来，掩护军团部向东南方向转移。山坡上长满了一层又一层的梢林和杂草，战士们迈不开步，只有用手扒、用脚踩，有时还用刀砍，才开出了一条道。带刺的枝条扎破了手臂和脸颊，鲜血混着汗水不停地往下流。但是，谁也顾不上这些。为了爬山，红6军团部的一些同志不得不丢弃了行李和马匹。大家只有一个念头，一定要冲出敌人的包围。

翻过一座大山后，红6军团于当天夜间来到了镇远县的大地方镇，部队按任弼时选择的突围方向，摆脱了敌人的合围。

那时，中央苏区第五次反"围剿"失利，中央红军8万将士，摆起首尾200余里的行军队形，沿着红6军团撤出湘赣走过的路线，向西南方向突围。中央红军电令红6军团："无论如何你们不得再向西移。"希望红6军团留在乌江以东湘、桂、黔三省间，吸引湘、桂、黔三省敌人，配合中央红军的行动。

遵照中央命令，红6军团第二次进入甘溪，不啻舍身饵虎之举。敌廖磊部以24个团的兵力，将红6军团合围于石阡地区。

10月17日，军团政治部通知政治保卫队，当晚护送任弼时同志穿越石（阡）镇（远）公路。敌我处于胶着状态，暗夜中，手榴弹在附近爆炸，刺刀相碰的钢音叮啷作响，不时传来吼杀声和死前的嚎叫声，火药味呛得任弼时的妻子陈琼英喘不过气来。

已担任任弼时政治保卫队长的余秋里掂着任弼时交给他保管的一只驳壳枪警戒四周，随时准备扣动扳机。任弼时告诉他，这是朱德总司令南昌起义时使用的手枪。黑暗中，红 6 军团全给打散了。任弼时对余秋里说："你派个人去找个向导来。我们今晚一定要离开这里！"

余秋里找来了一位靠打柴为生的老汉。老汉说，只有一条路走得出去。天黑后部队出发了。砍柴老人在前面引路，王震挂着一根扁担领着侦察排走在前头，部队进入一条黑森森的大峡谷。幽深的山涧，伸开双臂可摸着两边大山的绝壁。头顶一线穿空，粒粒星子像栖在崖头的几只萤火虫。20 多里，好像没有尽头……

湘敌第 694 团团长谢明强是本地人，知道重围中的红军只有这一条生路。所幸的是，他没想到当面的"共匪"竟然是红 6 军团核心首脑，更没想到"共匪"竟然黑夜里敢履险绝地。当他天明后匆匆率部封堵峡谷时，对大军走过后的痕迹，仰天浩叹良久。

红 6 军团绝处逢生地

1989 年 4 月，余秋里
与王震、廖汉生等参加
任弼时铜像揭幕仪式

贵州印江木黄镇：红
2、6军团会师之地

红2、6军团领导同
志在一起。左起：贺龙、
李达、关向应、任弼时，
坐者为王震

| 集会的红军指战员们

四、冒风险为任弼时挑选担架员

红6军团组织部长李贞（左）和她的警卫员

第一次甘溪突围的第二天上午，红6军团政治部组织部长李贞找到余秋里，指派他担任政治保卫队队长，具体负责红6军团军政委员会主席任弼时同志的安全。

任弼时患疟疾已一个多月，身体消瘦，双脚浮肿，十分虚弱。甘溪突围时，马也丢了。军团部本来给他配了一副担架，因连续行军作战，担架员们一个个伤病交加，自顾不暇。余秋里带6个人来到任弼时身边，他要做的第一件事，是赶紧找几个政治可靠、身体强壮的担架队员。

余秋里来到红18师挑选担架员。师政治部主任方理明向他推荐了毛少先。

余秋里在湘赣苏维埃政府

机关工作时，毛少先是负责政府警卫工作的特务连连长。毛少先有一次给一位农民赤卫队队长讲解兵器知识，那队长不小心将步枪的撞针弄断了，保卫局认为他们是故意搞破坏，于是把他俩抓起来，严刑拷供。时任红52团政委的方理明负了伤，需要担架员。他知道毛少先是冤枉的，点名把他要来抬担架，意在保护他。方理明说毛少先虽然抬担架是能手，可他的政治问题还留着尾巴，没下结论，至今没有恢复工作，只做些挑水、背锅、扛粮的杂活。

"什么尾巴？狗尾巴！"他说："这个同志我认识，他去可以。"

毛少先将军

余秋里找毛少先谈话："你长得这么矮，能抬担架吗？"毛少先不服气地说："别说抬担架，就是我一个人背，我也要把首长背走，不信你试试看。"说着他就要来背余秋里。余秋里笑着说："我是试试你的决心。""你是去保卫中央代表任弼时同志，这说明组织上已恢复了对你的信任，你只要把工作做好，以后还会去当干部的。"毛少先高兴地表示，一定要好好干。

但是军团保卫局局长吴德峰还有些犹豫，余秋里一口打了"保票"：他是个孤儿，放牛娃参加红军的，自己的名字都不会写，有什么可怀疑的？

余秋里执意坚持，毛少先当上了任弼时的担架员。

毛少先个矮，没文化，却爱动脑筋，抬担架也要抬出些名堂。他发挥个子矮的优势，上山抬前头，下山抬后头，还编了一套一套抬担架的顺口溜，逗得任弼时直乐："矮子同志啊……"

这个被余秋里挑来抬担架的矮子同志，多年后成了解放军高级将领，1964年被授予少将军衔，担任了南疆军区第二副司令员。

五、与虎将贺炳炎第一次搭班子

　　1935年4月，余秋里接替因病离职的朱绍田任18团政委。6月13日晚，忠堡战斗最激烈时，贺炳炎来到18团阵地，接替负伤的高利国团长。

　　这是红2、6军团会师之后，任弼时与贺龙创造的第一个围点打援的成功战例，一举消灭敌41师师部和121旅，活捉敌纵队司令兼41师师长张振汉。

红18团团长贺炳炎

　　余秋里率1营前仆后继直插守敌心脏；由来凤赶来增援的两个团敌军，被贺炳炎率2、3营死死堵在老鸦关东侧峡口。敌军硬冲上来时，贺炳炎拔出背后大砍刀，向敌群扑去，虎入羊群一般，将敌群直攘出峡口。两路敌军相距不到5华里，听得见山那边的爆炸与吼杀声，却不得靠拢半步。

　　山风习习，晚霞殷红。余秋里与贺炳炎相见了。"贺团长，"余秋里问道，

"你火线上任，关系带来了吗?"

"什么关系?"贺炳炎轻描淡写地说:"不就是那张纸嘛。"

余秋里说:"不是你的任职命令，我说的是党的组织关系。"

"我，这个，我……我没……"贺炳炎吭吭哧哧地说。

余秋里瞅着贺炳炎，大感怪异:"你，你，你怎么……"

贺炳炎的直筒子脾气早就憋不住了，带点火气地说:"实话告诉你吧，我早就入了党，肃反时说我是改组派，他们给停了。"

"哦，知道了。"余秋里伸出手来，握住贺炳炎的手。这天夜里，一盏豆油灯光焰温柔。余秋里在一叠信纸上唰唰写着，题头顶格是:"敬爱的红2军团党委……"

他写着:贺炳炎在这次作战中表现英勇，郑重请求党委尽快恢复团长贺炳炎同志的党籍。

贺炳炎比余秋里年长一岁，打仗勇猛，豪爽潇洒，缺点是简单鲁莽。

红2、6军团围攻龙山县城时，我军腹背受敌，贺龙急令红18团恢复红4师阵地。贺炳炎和余秋里率18团上来了，风卷残云、摧枯拉朽，鄂敌独立旅匆匆弃逃橡皮岭，丢下一路辎重落荒而去。红18团缴获甚丰，余秋里的大腿被子弹穿了个洞。

一个月后，余秋里伤愈回到团部，发现团部的警卫

员、通讯员都换上了一身新衣服，怪神气的，可部队指
战员依然旧观，团部的新衣服特别醒目。

原来，红 18 团缴获的物资中有一些布匹，团部的
警卫员、通讯员们围着团长贺炳炎哼哼叽叽，要求做一
套新衣服。贺炳炎像个大哥，手一挥："好吧！你们每
个人一套。"

红军的纪律是一切缴获要归公，让自己身边的同志
搞特殊化更不对。余秋里趁着团部只有自己和团长两个
人，便把意见摊了出来："团长啊，我们团 1000 多人，
你只批准团部的少数人做一套新衣服，这样脱离群众，
影响很不好。"

原成都军区司令员
贺炳炎上将

"你说什么？"贺炳炎看着余秋里，
"几个小屁孩想新衣服，都是我的小
兄弟，有什么了不起的！"

"贺炳炎同志！"余秋里严肃了：
"叫一声兄弟很容易，叫一声同志很
难。我们是红军，是革命队伍，不是
江湖侠客，不是绿林好汉！"

"啊？"贺炳炎猛地站起来，一巴
掌拍在桌子上："你当个政委也管得太
多了！我这个堂堂的团长，连做几件
衣服的权力都没有了吗？"

贺炳炎一脚踢开凳子，怒气冲冲
地走了。

一个机关干部进来，对余秋里

说:"政委,团长骑着马走了。"

"让他走!"年轻人都气盛,余秋里也气不打一处出:"哼,没他这个团长,我照样打胜仗!"

傍晚时分,贺炳炎骑着马回来了,让警卫员向余秋里通报:"政委,团长让我向你报告,他回来了。"

据说贺炳炎一气之下骑马跑到军团部,找贺龙告状诉苦,谁知贺龙不仅没有同情安慰他,反而严肃地批评了他。

军政一把手倾心交谈,余秋里知道了贺炳炎为人耿直,但脾气倔,有问题想不通就有气,有气就要发出来,一旦想通了,就什么事情也没有了。从此以后,余秋里和贺炳炎一直相处得很好。

六、用左臂换回成钧中将一条命

1935 年 11 月，贺炳炎升任红 5 师师长，接任红 18 团团长的是成本兴，后改名成钧。他比余秋里大 3 岁，个儿也略显高壮结实。这个 1927 年大革命失败之际投奔贺龙参加石首起义的年轻人，曾在贺龙身边做过随营当差。

原空军副令员成钧中将

1936 年 3 月，红 2、6 军团又进至贵州境内的石阡县城附近，即将进入乌蒙山。贵州军阀王家烈构筑了一道坚固的封锁线，一个榴弹炮营扼守在乌蒙山的咽喉要道上。能不能打掉王家烈的榴弹炮营，关乎红 2、6 军团的生死存亡。

成钧说："华山一条路，打掉炮楼子。"

"要得！"贺龙转身对成钧说，"由你开道！今天夜里，去把这几个乌龟壳给我敲开！"

成钧领受了命令，举起望远镜观察攻击目标。贺龙将自己的高倍望远镜递给成钧："用这个，看得清楚一些！"

成钧用贺龙的望远镜，将王家烈的榴弹炮营的大炮楼拉到了眼前。不大会儿，成钧咧嘴一笑："老天爷要落雨了。"说完，将望远镜归还了贺龙，跃身上马。

当夜，成钧与政委余秋里带领红18团两个营，神不知鬼不觉地摸到了石阡城东的4座大炮楼下。当战士们进入位置后，成钧一声令下："打！"老天爷似乎也在助威，电闪雷鸣，伴随着手榴弹的爆炸声、机枪的扫射声，响彻山谷。王家烈的封锁线就这样被撕开了一个大口子。

红2、6军团顺利进入乌蒙山，占据了主动位置。尾追贺龙部的国民党中央军万耀煌纵队一时晕了头，火急火燎地跟进了乌蒙山。贺龙来了一个回马枪，布下一个口袋阵，让万耀煌纵队的士兵往里钻。

红18团隐蔽在干沟梁子上。敌纵队大摇大摆地沿沟底河滩逶迤进来。红18团指战员突然开火，冲向沟底。残敌爬向对面山坡负隅顽抗。万耀煌看到自己的纵队中计了，立即下令后撤。可哪里还来得及，成钧揪紧了"口袋"口。从隐蔽处跳出来，站在高坡上，大声呼喊着指挥部队。

成钧的举动引起了万耀煌纵队士兵的注意。溃退中的机枪手移动了枪口，对准了成钧。

千钧一发（国画·程
新坤作）

余秋里和成钧各撑着一把油布伞站在高岗处观察
敌情。这时，余秋里发现对面山坡似在朝这边调转机
枪口……

"危险！"余秋里大喊一声，扬起左臂猛推成钧一把，
成钧跌进沟里。就在这时，敌机枪一个点射，子弹从成
钧站过的空间穿过，两发子弹击在还没来得及收回的余
秋里的左臂上。

战斗太激烈了。余秋里看看左臂，骨头白茬已穿
出皮肉，有两根筋露在外面，微微颤动，竟然没有疼
痛感。

"老余，老余呀……"安然脱险的成钧扶起血染征
衣的搭档，哽咽而呼。

29

余秋里因失血过多，疼得一时开不了口。简单包扎后，他对成钧说："我不要紧，你一个人好好指挥吧！"

成钧愤怒地指挥红18团，把万耀煌纵队的两个团扎在"口袋"里吃掉了。天黑时红军大部队安全转移，红18团奉命撤出战场。此战红18团俘敌200余，缴获重机枪7挺，长短枪数百支，弹药300余挑。红6师政委廖汉生听说余秋里负伤了，派人用担架将他抬到师卫生所。余秋里刚住下，一阵骚动，又抬进来一个人：红17团参谋长张秀龙。张秀龙比余秋里还小一岁，腿部伤得不轻，失血太多，脸色蜡黄。

红2、6军团得章坝烈士墓

廖汉生来看望他俩。廖汉生年事稍长，给他俩披被

子，像个大哥心疼幼弟："秀龙，疼吧?"小铁匠出身的
张秀龙咬着牙，狠狠地："狗日的，有点!"

廖汉生坐到神情轻松的余秋里铺边："听说你胳膊
上的骨头和筋都露出来了，很疼很疼的! 你怎么像没事
一样啊?!"

"不怎么疼嘛!"余秋里有些炫耀地扬一下伤臂，"哎
呀——"一股钻心的疼爆炸一般迸发，他龇牙咧嘴，眼
泪都要出来了……

1955 年，成钧被授予中将军衔。

七、任弼时、贺龙亲自指示截去
左臂

余秋里负伤后，红4师副政委杨秀山被任命为红
18团政委。

余秋里后来才知道什么叫疼。他被疼痛折磨得死去
活来。他左手指头只有大拇指有知觉，其余四指全是麻
木的。别说动一下伤口，就是有人喊他，或是动一下手
指头，都有锥心刺骨之痛。他不敢张口说话，吃东西只
能细嚼慢咽，稍一不慎，就疼得一身大汗。"老子是不
怕疼的，怎么这么疼？"余秋里觉得很窝火，恨恨地骂
自己不争气。一个医生告诉他，你呀是打断了神经，伤
了神经是最难受最难受的。

没有止疼药。为了止疼，余秋里把伤臂伸到冷水里
浸。发现这个方法有点灵，便准备了一个水壶和两条毛
巾，疼得难受了，就用凉水往伤口上浇，用湿毛巾敷。
他的一只手拧不了毛巾，每次都是伤了腿的张秀龙给他
洗毛巾拧毛巾，帮他敷。

其时，敌郭汝栋、樊嵩甫两纵队10万大军总想截
住红2、6军团，任弼时、贺龙率部于敌缝隙间一次次

余秋里和他的战友们
走过的雪山

红军指战员们过雪山、
草地的御寒防雨雪之物：
麻布和雨布

巧妙杀出。余秋里的伤口已经发炎，高烧不退，根本没有治疗的机会。贺龙为余秋里特配了一副担架，还给他找了一件皮衣、一块油布，让他防寒遮雨。4 月中旬，余秋里被战友们抬上小船，渡过金沙江，进入康藏地区。

部队稍稍安定，任、贺首长来看望余秋里，嘱咐卫生部利用这个间隙为余秋里疗伤。可卫生部的同志说，过金沙江时，医疗器械全掉在江里了。任弼时一听，急得直跺脚："看看，看看，秋里呀，你真倒霉哟！"

从甘孜北上，行军路上是茫茫大草原。这时节余秋

从甘孜北上，行军路上是茫茫大草原

为余秋里的伤痛特别
操心的三位首长：任弼时、
贺龙、关向应

里忘了疼痛，是饿的，饿得人发昏，不少红军指战员饿
死在草原。红6军团参谋长彭绍辉捉了几只田鼠，请余
秋里打牙祭，油光光香喷喷，这一顿田鼠，成为余秋里
终身难忘的美味。几个战士拾到一面破鼓，割了鼓面给
余秋里煮着吃，又硬又苦又涩，真难吃啊，也成为余秋
里终身不忘的另一道"美味"。

　　肚子里一有食物，伤口就疼了。一个年轻医生给他
解开纱布，猛地打个愣：伤口已腐烂生蛆。医生用镊子
将蠕动的蛆一个一个夹出来，用盐水帮他轻轻洗净。

　　终于走出了草原。9月中旬甘南战役后的一天，在
红2方面军卫生部长侯友成的陪同下，贺龙、任弼时、
关向应3位首长朝余秋里走过来。负伤半年多了，余秋
里的左手已干枯发黑，左臂浮肿，身体极为虚弱。贺龙
咂着嘴很心疼："余秋里呀，你真受罪啰！"

　　卫生部长侯友成对余秋里的伤情了如指掌，说余秋

里的左手已经坏死，肯定保不住了。建议立即手术，截掉左臂，以防感染。

贺龙对余秋里截去左臂很可惜，神情凄楚地问余秋里："锯掉？你说呢？"任弼时代余秋里表态："锯，锯！手既然无法保留了，手术又有绝对的把握，那就快点下决心吧！我看越早越好！"

余秋里望着任弼时直点头。

"那就赶早吧。"贺龙长叹了一口气，对侯友成吩咐道："我们刚从毛炳文那里缴获了一批药品和医疗器材，你开个单子，要什么给什么！我回去马上通知2、6军团，尽快给你们送来！"

9月20日上午，在红2方面军首长的一再过问下，侯友成亲自主刀手术，由于不知麻醉药的使用剂量标准，一针下去，余秋里就昏迷过去了。侯友成先刮掉余

余秋里的残疾证书 |

秋里臂上的腐肉，再用一把自制小锯锯断其坏骨，然后
又忙着抢救失去知觉的余秋里。经过抢救，余秋里才缓
缓苏醒过来。醒来后，余秋里对守候在身边的贺龙说：
"老总，敌人打断了我的左臂，我还有右臂，只要还有
一口气，我就要将革命进行到底！"

贺龙连连点头，任弼时来看望余秋里，知道手术很
成功，特别高兴。贺龙当即对侯友成说："你们的手术
做得果然不错，我奖给你们卫生部两匹好马。"

侯友成一听笑着叫起来："谢谢贺总了！有了马驮
药箱、驮伤员，我们的日子就好过啦！"

八、板家窝一战冀中成名

　　红军三大主力会师以后，余秋里部驻在陕北的连河湾。一天，贺龙总指挥找余秋里谈话，说是已和任、关两首长商量，准备抽调余秋里去中国抗日红军大学（简称"红大"），一面学习，一面养伤。

　　1937年春，红大改名为抗大（中国人民抗日军政大学）。一天，余秋里到八路军总部看望任弼时。任弼时说，秋里呀，我正想去找你。中央准备选派一批

抗大教职员和学员证章之一 |

抗大学员毕业证章 |

余秋里学习期间，毛泽东主席为抗大学员讲课

干部去苏联学习，我考虑你是一个不错的人选。你去了一面学习，一面治疗截肢后的伤口，那里医疗条件好。

余秋里从来把任弼时的话当金科玉律，可这会儿，他吭哧了好半天才说："首长，我不想去苏联。"

"嗯?"任弼时摘了眼镜，盯着余秋里，"为什么?"

"我对俄文一点也不懂，到了苏联一切都得从头学起。"余秋里说："再说，贺、关首长正在前方打仗，听说很缺干部，多次说过我的伤一好就到那里去。首长，您还是让我留在国内吧。"

任弼时想了想，点点头说，也好。

1938 年 11 月下旬，余秋里随 120 师师长贺龙、政委关向应，乘汽车来到 120 师驻地山西岚县，准备挺进冀中。1 月 27 日夜，贺龙召见余秋里面授机宜，让他任政委、贺炳炎任司令员，率 716 团 3 个连队组建 120 师 3 支队，游击敌后。因贺炳炎还在抗大学习，3 支队由余秋里负责。

716 团是在抗日民族统一战线旗帜下，由原红 6 军团一部整编而成。3 支队 304 人共 156 条枪，清一色的红军干部。

卢沟桥事变后，国民党军节节败退，冀中政权出现真空，八路军挺进敌后，最先发展起来的是共产党武装。冀中军区通过地下共产党员刘佩荣和其他同志的努力，一度拥兵 13 路，达两万之众。其时，冀中民间地主乡绅、会道门及土匪、汉奸各立门户，司令、主任遍地开花，抗日的旗号下鱼龙混杂。

挺进冀中的 120 师

河北安平县兴村乡龙关村——当年120师独立3支队在此诞生

余秋里的3支队出现在大青河边，拥挤在五花八门的武装之中，一开始并不显眼。给老百姓印象最深的是，这支部队一律打着黄绑腿，纪律好，不扰民。群众称为"黄绑腿"部队，后来知道这个"黄绑腿"是共产党领导的队伍。

"老虎的威风是吼出来的。"3支队进抵文安县时，余秋里主持召开了一个排以上干部会议，作临战动员："3支队要在冀中立住脚，扎下根，发展快，不在于歌声高，口号响，标语大，关键是打胜仗，打歼灭战，打出我们老红军的威风。"

1939年2月4日清晨，余秋里出现在一条小街上，看到指战员们正帮老乡扫院子、挑水，有的在刷标语口号。这是离新城县城50来华里的板家窝镇。

5分区的一位同志气喘吁吁地跑过来，向余秋里报告说，白沟和新城日军300多人分乘7辆卡车，凌晨进攻 5 分区游击 3 团驻地蛮子营。这个团是新组建的，抵挡不住已溃散，请 3 支队赶紧撤离。

"好嘛。"余秋里笑了。余秋里发现，这个小镇瓦房极高，砖墙很厚，小窗可为枪眼，屋脊浑如垛口，是阵地战、巷战的天然工事。余秋里将想法告诉副司令常德善，常德善连连叫好，当即通知开饭饱餐，然后遣兵布阵，占领阵地。

3 支队首战板家窝
（连环画）

准备刚刚就绪，日军汽车的轰鸣声隐隐传来。第一枪不知是谁打响的，这股日军横行冀中，还没遇到过一次像样的抵抗，这回他们碰上硬手了。他们开始从镇东头摸索进攻，被打回去了，改变方向，从镇北头集中进攻，照样碰了硬钉子。他们急了，全兵力投入，从西边和南边一起夹攻，步枪、机枪、山炮、92 步兵炮、迫击炮……一齐开火，炸开一个个垛口，轰塌一幢幢房屋，冲进了小巷。等着他们的，是小窗里的子弹和个顶个的拼刺刀。

从上午 7 时到下午 5 时，日军一共发动了 5 次冲锋，都被 3 支队指战员们杀了回去。溃散的游击 3 团和老乡们本来躲在镇外沟坎观战。他们看镇里的八路军如此勇猛,发现往常气焰嚣张的日本鬼子其实也很熊包,不觉大长了精神。那位地方武装司令、光头中年人段克全猛地拔出盒子枪,一声猛吼:"打鬼子去——"老乡们举着铁锹、镢头、扁担等农具向鬼子冲了过来。游击 3 团的官兵们也冲上来了。鬼子腹背受敌,斗志全无,在机枪的掩护下,抬上一具具死尸、背起伤员,爬上汽车,一溜烟地落荒而去。

战后查明,这次战斗共毙伤日军小队长以下 80 多人。板家窝之战打破了冀中抗日军民对日军的恐惧,极大地激发了群众的抗日热情。战后不到半月,3 支队扩充到 1100 多人。

当年 3 支队血战板家窝的街巷

这一战更是打出了独立 3 支队的赫赫威名。一个月后再战雄县葛各庄，毙伤日军 60 多人，毙敌战马 10 余匹。几天后，白沟日军分乘 4 辆卡车偷袭我冀中军区 6 支队，将 6 支队合围于封上村，以为全歼这支抗日武装易如反掌。日军正得意时，余秋里率 3 支队跑步驰援，接战只一时，日军阵地哗哗动摇。日军指挥官发现来者不善，发现原来全是"黄绑腿"，急令撤离转移。3 支队和 6 支队一阵追杀，毙伤日军 80 多人。

"黄绑腿"让敌人闻风丧胆了。日伪军出城抢掠，只要听说"黄绑腿"在附近，就会立即缩了回去或绕道避战。

因为这一仗，盘踞在大清河北活动的游杂武装司令段克全，立改桀骜不驯看不起任何人的态度，带着手下 300 多人找到余秋里，请求收编打鬼子。

九、"一把手"部队出了
"硬骨头六连"

1939 年夏天，抗大毕业的贺炳炎来到了已是两个
建制团的 3 支队。长征途中云南境内瓦屋塘战斗时，贺炳炎冲锋陷阵，结果右臂第六次中弹重创，不得不截肢。3 支队司令、政委，两人一左一右两条胳膊。贺炳炎抓军事整训，余秋里抓政治教育，犹如一对铁匠大锤，3 支队部队情绪嗷嗷叫。

3 支队在冀中更新了名号，"黄绑腿"、"老八路"成了"一把手"部队。这期间贺龙亲来 3 支队视察，把他俩拉到身边照相，欢喜得不行，说他俩是他的左膀右臂。贺龙曾对吕正操将军说："贺炳炎和余秋里都是一只胳膊，初到冀中没几个人，可他们东一搞，西一搞，就搞出了一支过得硬的队伍！"

独立3支队司令员贺
炳炎（右）和政委余秋里

当时，中央军委和总政治部下发了"关于整理与
巩固新部队的训令"，要求加强部队政治工作、巩固党
的领导、严禁打骂、克服游击主义。余秋里根据这个
大纲，理出了一套整训思路——先把八路军的性质搞
清楚。

余秋里从数千年来的军事史讲起。古时候的兵卒多
是死囚、充军的犯人，所以历史上只有著名的将帅，不
见著名的军队。要有，也只能是自家亲兵，如"岳家
军"、"湘军"、"淮军"，所以也就有了"好铁不打钉，
好汉不当兵"的古训。国民党军抓壮丁、卖壮丁，那个
部队能打仗吗？我们八路军是人民自己的军队，当兵不
是为了吃粮，打仗不是为发财，是为人民的利益，也是
自己的利益，为了翻身解放，为了一个没有剥削没有压
迫的新社会……他深入浅出，旁征博引，把这个大道理

讲得透透的，再讲军民关系、官兵关系、战友关系……参差不齐、良莠混杂的乌合之众，在余秋里和他的战友们精心梳理和诱导下，一个个全开了窍。

余秋里起早贪黑，分秒必争，一个连一个连地过一遍。这天，他来到 7 团 6 连，远远地听见指导员张会田讲课的声音。红 2 军团长征路过贵州时，21 岁的张会田参加了红军，现在有 5 年的军龄了。他用自己的切身经历讲参加红军的心路历程。他说自己出身于穷苦人家，共产党红军路过他的家乡，带领穷人打土豪、分田地，过上了好生活。现在为了抗日，民族团结为重，我们不平分地主的土地了，但为了改善穷人的日子，实行了减租减息。这个政策本身就说明，共产党时时刻刻都想着穷苦人民。

冀中平原无处不在的日军碉堡

全连 100 多人，静静地全神贯注地听。张会田讲完了，一个排长跳起来喊口号："紧跟共产党！"、"坚决干革命！"一屋子的拳头、一屋子的吼声。

为了推广张会田政治教育的经验，余秋里召开了全支队的指导员

47

每战披坚执锐的6连
优秀指导员张会田

曾亲眼目睹当年马家
营血战的幸存老人

会议，请张会田讲课。在政治整训后期，余秋里还抓了
三方面的工作：纯洁部队、调整干部、加强党的建设。
部队面貌有了全新的改观。3 支队原来只有 7 团 3 营这
一只老红军骨干"铁拳头"，后来的 20 多个连队全都是
"铁拳头"了。

　　部队独立作战能力大大增强，在战斗中越打越强。
9 月，任丘、河间公路边，8 团指战员伏击日军运输队，
缴获自行车 6 辆和一批军用品，毙伤日军百余名；10 月，
7 团袭击蠡县赵庄之敌，歼敌 70 余名，缴获轻机枪 1
挺，军用物资一批；日军恼羞成怒，调集重兵寻找 3 支
队决战。1940 年 1 月 23 日，7 团正准备东渡子牙河，

| 当年的子牙河战场旧址

49

却与数百日军遭遇。团长刘彬命令2营占领马家营，掩护部队渡河。2营6连刚进入阵地，日军蜂拥而来，在山炮、机枪、掷弹筒支持下，向6连阵地冲锋。

6连利用断墙残壁与日军对峙，日军一步步逼近。指导员张会田端起上了刺刀的步枪大喊："同志们，跟我上！杀——"全连官兵跳出战壕，与日军展开白刃格斗，硬是将以搏击见长的大和武士杀了回去。6连从上午坚持到黄昏，杀退日军5次大规模的冲锋，直到全团安全转移了，才奉命撤出一片废墟、血迹随处可见的马家营。

这一战，6连毙伤日军60多名，6连指导员张会田在战斗中英勇牺牲。这个6连，就是载誉中国当代军史的第一集团军"硬骨头6连"。

十、突击提拔知识青年学生干部

　　1940 年 4 月下旬，3 支队经过整编，由开始的 3 个连队扩大为 3 个团，兵力达 5000 人，奉命向晋西北开进。1941 年初，余秋里主动要求以管涔山为依托，建立新的根据地，得到贺龙司令员的同意后，1941 年 6 月，余秋里率由 3 支队经过整编后的 8 团进入山西宁武。此

3 支队返回晋西北，
贺龙在欢迎大会上讲话

时，晋西北的抗日进入最困难时期。1940年冬，侵华日军使用的大部队严密交互包围的战法，企图把我军包围缩小在狭小地区而消灭。日军对抗日根据地实行"三光政策"和"强化治安运动"，抗日根据地无村不戴孝，整片整片的晋西北群众成了"良民"。各村的村公所、维持会，都有专职的谍报员，抗日军民稍有异动，就会惹来日军的残酷屠杀。

抗日战争中的余秋里
（油画·雷洪连作）

中共宁武县委书记杨静向余秋里汇报，"县委机关在脚板上"，全县只有两个半村还没有改变颜色。所谓半个村，是村政权为两面派。要消除群众的恐日症，唯一良方是彻底打掉鬼子的气焰，用刺刀说话。

从6月20日开始，余秋里率部首战阎家村，毙伤日军40余人；转战鸡儿堰，毙敌80多人，缴获骡马60匹；突袭谢家沟，毙敌42人，俘虏34人；再战阎家村，歼敌70余人，击毙日军小队长、中队长各一名；仅半年多时间里，8团与日军作战

向日军进攻的 8 团勇士们

抗日战争时期的周士第
将军

29 次，毙伤敌军 594 人，俘敌 62 人，缴获轻机枪 4 挺，步枪 132 支，子弹 14200 多发。

至此，日军龟宿县城据点，不敢稍动，县城之外，基本是抗日军民的天下了。群众不再惧怕日军扫荡。一位老财主一次就向余秋里捐了 300 石小麦，青年们踊跃参军，转眼间，8 团从整编后的 1800 来人发展到 2100 多人。

1941 年 10 月，8 团上报的军事实力，让贺龙、关向应颇为困惑：连续作战的 8 团，人员实力怎么会是 2100 多？打仗时有伤亡，到现在还剩下千把人就很不错了，怎么越打越多了呢？他俩电令余秋里立即赶到军区机关汇报。余秋里当时并不知道是什么事，带了几个警卫骑马星夜兼程来到军区。军区参谋长周士第一见面就问："你们 8 团的报表是不是搞错了，把 1200 人写成了 2100 人？"

余秋里困惑了："没有错呀，我们是 2100 人啊。"

"嗬？"周士第楞起卧蚕浓眉，"2100？"

"是的，参谋长！"余秋里诚恳地点头。

周士第出身书香门第，饱读诗书，因不满清政府和军阀的黑暗统治，1924 年入黄埔一期，参加了北伐和南昌起义，是余秋里敬重的儒将。

"是这样吗？"周士第还是将信将疑，"你慢慢说。贺、关首长也奇怪，为什么没有减员，反而增加了呢？"

"参谋长，主要是两个原因，"余秋里娓娓道来，"一是我们只打有把握的仗，好几个仗我们都伤亡极少甚至没有伤亡。第二是轩岗那一仗，我们解救了好大一批被日军俘虏的国军官兵，我们从有抗日热情的年轻士兵中挑选了 200 多人，补充了部队。"

"哦，那些军官呢？"周士第关切地问。

"他们好多想跟我们干，我没要。我想他们出身不好，长期受国民党反动派教育，留下来不好安排，就给他们发了路费，遣散回家了。"

"哎呀呀，"周士第牙痛似的直跺脚，"秋里同志呀，你没想想，那些国军军官，大多数是黄埔军校毕业的，受过正规训练，有知识有文化。我们现在培训干部，他们当军事教员多好？再说，出身不好可以教育改造嘛。内战时期我们就教育改造过一些被俘军官。现在抗战，枪口对外，他们更有用武之地。你呀，怎么舍得放他们

作战中，部队自己背粮

55

军民一起拆毁宁武城
日军碉堡

葱沟——余秋里曾在
这里指挥对日军作战

走啊?"余秋里直直地盯着周士第。

知识、文化、人才⋯⋯从军区回来的路上,余秋里的脑子里总滚动着这几个字。他想起忠堡战斗中,红2军团活捉了国军纵队司令张振汉,任、贺首长一点也没有羞辱他,在征得他的同意后,请他当上了红军随营学校的教官,还是贺炳炎颇敬重的老师。

周士第的一番话犹如点破了一层窗户纸,让余秋里眼前一亮。一年之后,部队传达延安整风运动指示,指令部队抗战中参军的学生干部前往延安学习,接受学部委员审查,所谓"抢救失足者"。这回余秋里心里有杆秤了,为了保护知识青年,保护人才,他竟将一些老红

抗战期间,余秋里(中排左二)和贺炳炎(中排左三)、廖汉生(前排左二)等战友在一起

8团自己种的蔬菜大
获丰收

8团指战员自己动手
挖窑洞

1945 年 3 月 4 日，358 旅 8 团 1 营全体指战员合影，背衬两个直凌云霄的对刺战士的人体艺术造型合影，其想象何其丰富

8 团干部和 6 连干部在一起

军大老粗干部送到延安学习，空出位置，突击提拔了一
大批青年学生干部。

他这样做忤犯了个别领导，还是任弼时知道后出来
斡旋，余秋里才免于挨批。正是这次突击提升，余秋里
的部队出现了一个特殊现象：到解放战争打响，还有当
连长的周胜永、黎百川等老红军，而栗光祥、张霖、夏
伟等知识青年学生干部，早已是营团主官了。

在抗战烽火中，8团越战越强，成为八路军正规部
队的一个主力团。这个团在抗战后期和解放战争中屡建
奇功。1949年整编时，经第一野战军司令员彭德怀提
议，被编为中国人民解放军第一军第一师第一团。

1945 年 1 月 15 日，
358 旅全体模范代表合影

十一、在彭总指挥下爬过胜利山坳

1945 年 10 月，抗日战争胜利不久，面临内战爆发的严峻局面，中央军委任命黄新廷为 358 旅旅长，余秋里为 358 旅政委。1946 年 6 月，国民党军队向解放区发动了全面进攻。解放战争初期，如果仅以兵力计，国民党军占有绝对优势。1947 年 3 月 13 日，胡宗南集中西北全部 34 个旅 25 万之众，直取延安。

358 旅政委兼政治部主任余秋里

毛泽东亲自签发电令，以 358 旅和独 1 旅"利用地形组织短促火力，大量用手榴弹、地雷杀伤敌人，掌握预备队，灵活反击，夜袭消灭敌人"。

358 旅顶着敌人飞机、大炮轰炸，利用坚固的工事在近战中以刺刀、手榴弹消灭敌人。

716团10连在手榴弹打完之后，将来不及铺设的地雷拴在绑带上向敌群扔去，威力巨大的爆炸震裂敌胆。

3月18日黄昏，党中央和延安各机关学校全部安全转移，群众疏散完毕后，358旅于19日撤出战斗。

西北兵团司令员彭德怀电令黄新廷和余秋里，立即前往延安王家坪指挥部。余秋里和黄新廷飞骑进入已成空城的延安，到达王家坪时已是深夜。他俩进门时彭德怀正在打电话，空空的房子显得特别宽敞，仅一张放摇把电话机的桌子。

3个人坐在一起，彭德怀像拉家常似的说，从现在起，你们归我指挥。你们知道，党的七大后毛主席要我当军委副主席、总参谋长，我这个人还是适合在前线打仗，恩来同志已回来，他是最好的总参谋长。

"我军撤出延安，有的同志可能想不通。"彭德怀叮嘱道，"你们要告诉大家，把胡宗南放进来，是为了消灭胡宗南。"

彭德怀站起来，指着墙上的地图，语气严厉了："要你们来，是要直接给你俩交待任务：敌人这次进入延安后，肯定寻找我们中央机关，寻找我们主力决战。你们的任务是，以少量部队伪装成我军主力，将敌人引到安塞去。要注意，给敌人一个溃败的样子。你们旅的主力，到青化砭一带集结待命。"

358旅旅长黄新廷

在彭德怀的直接指挥下，358旅转战西北，参加了青化砭伏击战，全歼敌31旅（欠91团）约3000人，无一漏网。特等战斗英雄、排长尹玉芬带着一个班穿插敌后，俘敌57人，其中有个穿马裤的，余秋里派人一查，原来是少将旅长李纪云。

在羊马河阻击战野司旅以上将领作战会议上，彭德怀将目光投向余秋里和黄新廷："这个任务，只有交给你们1纵了，特别是你们358旅，我才信得过。"

358旅715团当面之敌为国民党军整编第一军两个旅，

延安保卫战中余秋里和他生死与共的战友们

8团和716团两个营当面之敌为整编29军3个旅。我军指战员们凭着有利地形，顶住了敌人一次次蝗虫般的集团冲击，至14日16时，敌135旅4700余人被我军全歼，敌代旅长麦宗禹和两个团长做了俘虏。这一战创造了我军全歼敌一个整编旅的战例。

随后，彭德怀要拿下蟠龙镇，意在断敌军需，资我所用。但此镇易守难攻。彭德怀在作战会议上说："如果说青化砭、羊马河两仗我们是吃了两块肥肉，那么，蟠

羊马河阻击战，358
旅阵地固若金汤

龙这一仗，我们要准备啃骨头，要切实作好攻坚打硬仗的各项准备!"

这一仗真的打得很惨烈。从 5 月 2 日黄昏各部接近目标，展开战斗，3 日黄昏发起攻击，至 4 日 24 时，蟠龙守敌 6700 余人全部被歼，活捉敌旅长李昆岗，缴获军服 4 万套，面粉 1 万余袋，子弹 100 万余发，还有大量药品。

5 月 13 日晚，中央军委副主席周恩来亲临 358 旅驻地安塞县龙安地区，准备参加 14 日的陕甘宁边区军民联合祝捷大会。旅部的屋子里，马灯光下，周恩来向余秋里等询问青化砭、羊马河、蟠龙作战情况。他风趣地说:"358 旅是贺老总带出来的红军部队。很能吃苦，很会打仗。听说日本鬼子一见'黄绑腿'都害怕……"

在出击陇东后，6 月 30 日，刘邓大军强渡黄河，挺进大别山，战局发生了重大变化。1947 年 8 月 3 日，

攻城部队攀登蟠龙城墙

358旅攻克集玉卯敌阵,全歼守敌

周恩来转战陕北同
指战员在一起

蟠龙一战缴获甚丰。
敌旅长李昆岗的望远镜跟
着余秋里在战争年代颇有
贡献。余秋里后来送给了
第一集团军军史馆

西北野战军围攻榆林。这次攻坚战成为余秋里戎马生涯中痛苦的记忆。由于第一梯队个别指挥员缺乏高度责任心，没有靠前指挥。又由于对榆林城墙高、城厚估计严重不足，云梯不够长，炸药不够量，部队伤亡严重。余秋里亲临前沿，目睹倒在墙下的战友，一怒之下，撤掉了负责爆破的8团3营营长之职。他一反对部下的呵护疼爱之情，吼道："你不靠前指挥，不把情况弄清楚，让战友白白牺牲，贻误战机，你这是对人民犯罪！"

8月中旬，西北野战军发起了沙家店战役，全歼敌整编36师。从此，西北野战军开始由内线防御转为内

358旅出击陇东，转战"三边"

线反攻。10月3日，彭德怀在延川马家店召开前委会议，决定包围、全歼清涧守敌。358旅715团和独一旅逐次逐个地清除敌堡，两天之后，清涧城外围敌据点基本肃清。眼看76师危在旦夕，胡宗南急令刘戡率5个半旅星夜兼程驰援清涧，离战场只有一天的行程了。

必须在独眼龙刘戡到来之前结束战斗！彭德怀也有些紧张了，穿过硝烟来到358旅前沿阵地，把余秋里和黄新廷吓得不轻。这还不说，他竟然还站到壕坎上观察敌情。余秋里大声嚷嚷起来："彭老总，这里太危险了！快换个地方！快！"

时任358旅旅长的黄新廷将军

彭德怀倒生气了："你们经常站这里都不危险，我怕什么？"

"这里真的危险！"余秋里不由分说，上去将彭德怀架下来。彭德怀还想发脾气，一梭子子弹打过来从头顶飞过。他刚才站过的地方，后岩壁上一片弹眼，尘屑飞迸。

"看来，"彭德怀哈哈大笑，"我的任务还没有完成，马克思不要我哟！"

黄新廷、余秋里甩出了抄底王牌716团。716团团长储汉元1932年参加红军，是跟随余秋里挺进冀中的老同志。而政委栗光祥是"一二·九"学生运动后参加八路军的爱国学生。这俩一武一文配合亲密，把716团带

延清战役中，358旅
战士登城攻击

得生龙活虎。9日晚，储汉元和栗光祥乘着夜暗率部突
袭，直插爬子山核心阵地。10日拂晓，716团的红旗树
立在爬子山的最高处，迎风招展，一朵火焰，炸红天
际。我各攻城部队顿时士气大振，冲进城来。而守敌集
中兵力试图夺回爬子山这个制高点，以便固守待援。

储汉元和栗光祥亲自调动机枪坚守阵地，打退了敌

英雄团长储汉元

群一次次反冲击。枪林弹雨中，储汉元被敌弹射中头部，倒在了爬子山上。栗光祥抱着储汉元大哭大吼："团长！团长——为团长报仇——"

716团同仇敌忾，阵地坚如磐石。爬子山上的红旗，只剩下一条竹竿，在硝烟中摇曳着几块布片……

714团（原358旅8团）、独1旅、3纵于11日清晨杀进清涧城，7时全部肃清守敌，共歼敌8000余人，76师师长廖昂、24旅旅长张新被活捉。这时，刘戡的援军在新4旅、教导旅顽强阻击下，离清涧仅20华里了。

十二、714团成为"诉苦三查"典型

延清战役结束之后，陕北敌军完全转入守势。彭德怀决定第二次攻打榆林。然而，这次虽在外围歼敌不少，有效地削弱了敌人势力，但仍然攻城未果。在总结经验教训时，条条在案的有：轻敌，战斗准备不充分，火力配备分散……等等。

余秋里心里的话没有全说出来：相当一部分战士意志薄弱，怕死……没有斗志的部队，在残酷的战场上与胜利无缘。

说来也是人类战争史上的奇观：358旅自1945年8月爷台山战斗后，作战规模越打越大。一方面大量减员，一方面大量增补战斗中俘虏的"解放战士"。"解放战士"在一般连队已占70%，有的连队竟达80%，甚至更高。这些从国民党军队走过来的年轻军人，虽然多是贫苦农民出身，但他们骨子里的农民文化情结加上国民党的政工宣传，在政治行为中将人性丑陋的部分表现得尤为鲜明，和一个优秀革命军人相去甚远。打滑头仗、贪生怕死、阳奉阴违、不负责任……在进攻榆林的

358 旅基层官兵的诉苦
大会

诉苦大会上慷慨激昂的
战士

战役中，余秋里看在眼里，隐忍不发。

1947 年 11 月，针对部队的问题，彭德怀决定利用冬季战斗的间隙，在野战军内进行一次整训。

这样的问题余秋里早就遇到过，也在革命实践活动中领悟出了解决这些问题的基本办法：红军时期开辟湘黔川滇革命根据地，农民对乡绅很敬畏，但只要把剥削阶级和被剥削阶级这个道理讲通讲透了，他们就有了斗地主分田地的革命热情。挺进冀中收编地方抗日武装，余秋里将一群群绿林好汉打造成抗日勇士，也是讲穷苦人民要想翻身当家做主人，只有跟共产党八路军干革命。8 团 6 连指导员张会田，就是靠这个道理打下了 6 连的政治基础，6 连自此成为 714 团的刀尖。余秋里自己也正是怀着对地主阶级的刻骨仇恨，从一个农家少年成长为红军战士。

诉苦，让贫苦农民把阶级压迫和阶级剥削的苦水倒出来，让阶级仇恨的烈火燃烧起来，让我们的革命事业与每个战士的切身利益联系起来，消灭敌人就是解放自己，这是最大的最根本的革命动力。

余秋里带着旅政治部宣传科科长杨浩来到 714 团，进行试点。

中国财富分配从来都是金字塔形的，底层贫苦农民总是占绝大多数。代表绝大多数贫苦农民利益的中国共产党，在夺取全国政权的决战时刻，赢得了这个绝大多数的拥护，也就不难赢得天下。358 旅的诉苦运动，让苦大仇深的青年农民们在对国民党腐败政权的血泪控诉中，将自己重新定位，成了与国民党政权不共戴天的生死仇人。然后进行"三查"：查阶级、查工作、查斗志。

陕北大雪纷飞，遍地银装。358 旅驻地清涧师家园子一带，每幢屋子里炭火殷红，热气腾腾。一阵阵"推翻旧社会，打倒蒋介石"的口号，压住了呜咽的寒风……今人很难想象当年的革命战士们一个个严厉剖析自己、发誓赴汤蹈火的满腔赤诚了。

十三、毛泽东正式定名"新式整军运动"

    358 旅开展"诉苦三查"活动一个月后,余秋里将部队整训的情况写了个简报呈送西北野战军总部,彭德怀一口气看完了,叩案连声说:"好!好!"不几天,他和野战军政治部主任甘泗淇来到 358 旅,不听汇报,直

彭德怀与 358 旅战士
亲切交谈

怒火中烧誓死报仇杀敌
的 358 旅指战员

宣誓入伍的"解放战士"

接下连队参加各连的"诉苦三查"大会。指战员们对国民党反动政权的哭泣控诉和睚眦欲裂的报仇决心，深深地震撼了这位沙场战将。

若干年后他在《彭德怀自述》里这样写道："358旅战士中有一名四川人，是俘虏来的。深夜一人在野地，写着他母亲的神位，哭诉他母亲是怎样惨死的，仇恨国民党和当地的恶霸地主，他参加了人民解放军，要如何为母亲报仇……"

彭德怀在358旅整整住了3天，切身预感了"哀兵必胜"的玄机。他直到离开的前一天晚上，才把余秋里约到他的住所，只不过要将他的感想一吐为快："余秋里呀，你们搞的这个'诉苦三查'活动很有意义，是我们政治工作的一个新发展，是彻底的群众路线，是真正的民主精神，从根本上提高了部队的阶级觉悟，你们要好好地总结经验。"

余秋里点头。

"你有什么要求和想法啊?"彭德怀说，"跟我提出来。"

"彭老总，我是有一个想法，"余秋里说，"我们在'诉苦三查'活动中发现了好多优秀的'解放战士'，想从他们中选一批骨干，不晓得行不行?"

"好嘛!"彭德怀指头点着桌子认真地说，"怎么不行? 只要表现好，可

彭德怀给中央军委主席毛泽东的报告

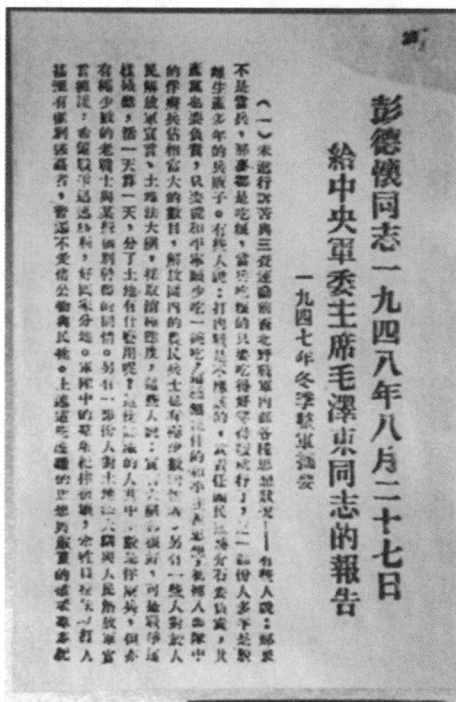

以提干部当排长嘛！以后再提拔，当连长营长也可以嘛。"

彭德怀第二天回总部后，立即发出了关于推广358旅"诉苦三查"做法的电报，西北野战军的"诉苦三查"运动自此全面展开。

1948年1月，西北野战军在米脂县杨家沟召开团以上干部参加的前委扩大会，中央领导同志也来了。会议期间，彭德怀将余秋里拉到一边，一脸欢喜地说："余秋里呀，毛主席要接见你，了解部队开展'诉苦三查'的情况。"

毛主席？余秋里不觉打个愣，油然而生的敬意使心跳加快了许多。

1月18日晚上9点多，余秋里按通知来到毛泽东的住处。毛泽东很随便地招呼余秋里坐下，向余秋里询问"诉苦三查"是怎么搞起来的。余秋里带来了汇报大纲，却丢在一边，只讲自己认为值得汇报的内容。他从介绍典型入手，每个故事都生动有趣。毛泽东听得直点头，一转眼就是11点多了。毛泽东兴犹未尽，说今天先谈到这里，明天再谈一次。

第二天晚上9点多，余秋里又来到毛泽东的住处。这回毛泽东先出题："余秋里，你先讲讲'解放战士'的情况。"

余秋里心下明白，毛主席对部队"解放战士"比重之大是清楚的，自然非常关注。

"主席，"余秋里还是没用汇报材料，"实话实说，

余秋里在杨家沟向毛泽东汇报 358 旅"诉苦三查"的情况（国画·程新坤作）

国民党军队的士兵，除了极个别卖壮丁的兵油子，绝大多数都是贫苦出身。在家受地主老财的气，到军队里又受长官的气，其实他们的阶级成分跟我们子弟兵是一样的，有的比我们解放区还苦。经过诉苦教育，跟他们算清了地主老财的剥削账，阶级觉悟一下子就提高了，比如我们714团4连的'解放战士'路新理……"

"很好！"毛泽东站起来，大幅度地扬着手说，"我们从中央苏区的时候起，就想找到一个教育俘虏兵的好形式，这次'诉苦三查'的办法，把这个问题解决了。很好哇，明天你到会上去讲，请陈毅同志也参加！"

1月20日，按照毛泽东的指示和彭德怀的安排，余秋里在这个前委扩大会议上作了汇报发言，从"教育的方针和目的、教育的原则和方法、经验和教训"等方面详细地介绍了"诉苦三查"给部队带来的崭新面貌，与会者听得津津有味。

杨家沟会议后，毛泽东把"诉苦三查"运动，正式定名为新式整军运动。

1948年2月12日，农历大年初三，纷纷扬扬的大雪中，358旅奉命从清涧出发南下，参加新式整军后战略反攻的第一仗：宜川战役。

远在黄河以东的人民解放军2纵因大雪突然封山，刨冰卧雪、日夜兼程，仍未能按时赶到指定战场。彭德怀闻讯大惊，急令1纵堵住口子。纵队司令员贺炳炎和政委廖汉生深知这个堵漏的任务之重，权衡再三，将这副担子压在了358旅的肩上。黄新廷和余秋里决定将夺

宜川战役中向敌阵发
起冲锋的 358 旅将士

宜川战役时的 358 旅
政委余秋里

取南山的任务交给了 714 团和 715 团 1 营。

29 日,余秋里在前沿一线阵地指挥部队攻击。经过"诉苦三查"的指战员们,包括余秋里在内,全部换上了一身新军装,抱定了随时牺牲、就地安葬的决心。

从望远镜里,余秋里看到指战员们沿着山梁小路向上冲击。敌人以机枪、冲锋枪、步枪、手榴弹等各种火力,在小路上设置了一道道死亡屏障。小路流淌着 714 团 2 营指战员们的鲜血,与白雪交映,赫然触目……

万分危急之时,余秋里终于看到一个战士冲上了主峰,一连捅倒了 7 个敌人,堑壕里的敌群纷纷跑出来向后逃窜。余秋里看清了,这个战士便是 714 团 6 连 2 班班长刘四虎。

714 团团长任世鸿坐镇 2 营指挥,亲率全营跳出堑壕,席卷主峰,一鼓作气,夺下了另外 5 个山头。刘戡发现自己已是瓮中之鳖,急令 53 旅之 157 团、159 团,配属所有轻重武器,向东南山主阵地发起轮番冲击。714 团从团长任世鸿、政委徐文礼到号兵、通讯员,人人刺刀见血。

3 月 3 日凌晨,瓦子街指挥部里一宿未眠的刘戡,耳闻百米之外隐隐传来河北口音"缴枪不杀"的吼声,自知不免,这位独眼将军拉响了一颗手榴弹,结束了他曾经辉煌也特别尴尬的军旅人生。

宜川战役,全歼胡宗南集团主力整编第 29 军两个师 5 个旅 10 个团,第 90 师师长严明战死,毙伤俘虏近 3 万人,仅 358 旅就毙伤俘敌 5670 名。

宜川大捷使西北解放大大提速。3月7日，毛泽东在为中国人民解放军总部发言人起草的评论《评西北大捷兼论解放军的新式整军运动》中，对358旅的"诉苦三查"活动给予了高度评价，其中说："使部队万众一心……群威群胆，英勇杀敌。这样的军队，将是无敌于天下的。"

评西北大捷兼论解放军的新式整军运动·

（一九四八年三月七日）

人民解放军总部发言人评西北人民解放军最近一次大捷称，这次胜利改变了西北的形势，并将影响中原的形势。这次胜利，证明人民解放军用诉苦和三查方法进行了新式整军运动，将使自己无敌于天下。

发言人说："这次西北人民解放军突然包围宜川敌军一个旅，胡宗南令其二十九军其余两个整编师的四个旅，即整编二十七师之三十一旅、四十七旅，整编九十师之五十三旅、六十一旅共约二万四千余人，由洛川、宜君一线向宜川驰援，于二十八日到达宜川西南地区，无一漏调。许生仔一起被消灭。经过二十九日至三月一日三十小时的战斗，即将该部援军全部歼灭。西北人民解放军发起总攻，经过二十九日至三月一日三十小时的战斗，即将该部援军全部歼灭。西北人民解放军发

共八千余人，毙俘五千余人，到毙本人和九十师师长严明等人，亦被击毙。接着于三日攻克宜川，又歼守敌整编七十六师的二十四旅五千余人。此役共毙歼一个军部、两个师部、五个旅，共三万人。在西北战场上，过是第一个大胜仗。

发言人分析西北战场的形势说："胡宗南直接指挥的所谓「中央军」二十八个旅中，有八个旅属于

一二八九

毛泽东写的评论《评西北大捷兼论解放军的新式整军运动》

宜川战役后，强渡泾河、向西府地区挺进的358旅指战员们

1948 年 4 月，358 旅进击宝鸡。宝鸡战斗结束后，缴获武器弹药、被装等物资无数

1948 年 6 月，西北野战军兵出渭北，决战蒲城、大荔。图为进攻蒲城的 358 旅

荔北战役中，358 旅
指战员向敌人发起冲击

十四、"毛主席派我搞石油"

1949 年 9 月，余秋里担任第一军副政委。1950 年
10 月，余秋里被任命为西南军区军政大学副政委。军
政大学校长和政治委员是西南军政委员会主席刘伯承兼
任。刘伯承已主动请辞西南军政委员会主席之职，申请

1950 年 4 月，余秋里
（左四）随贺龙到达重庆

余秋里出席西南军区军队整编工作会议，刘伯承、邓小平及贺龙等领导与会议代表合影

西南军大授旗仪式

1951年成立的中国
人民解放军第二高级步兵
学校

余秋里的个人生活也
猛然间大放异彩：他的妻
子刘素阁来到了重庆，将
他们的宝贝女儿园园带
来了

余秋里（右一）在
贺龙主持的西南军区领导
会议上

1990 年 3 月，余秋里
和张衍（左三）接见第二
高级步校、二野军大校史
研究会同志

去筹建军事学院，刚获得中央批准，正要走马上任，对余秋里满是期待地嘱咐道："我很快要去北京，今后西南军大的工作主要由你来负责了。"

1952 年 2 月，在第二高级步兵学校政委兼校长的任上，余秋里调任西南军区后勤部部长兼政委。1955年，他又担任了中央军委总财务部部长。1957 年总后勤部与总财务部合并，洪学智任总后勤部部长，余秋里则任总后勤部政委。

1958 年元月下旬的一天，毛泽东把余秋里叫进中南海，"请"余秋里出任中国石油工业部部长。

新中国成立后，百废待兴。第一个五年计划（1953—1957 年）工农业生产均大大超额完成了任务，

余秋里主持西南军区后勤部工作期间，对专业人员薪金补贴的报告批示

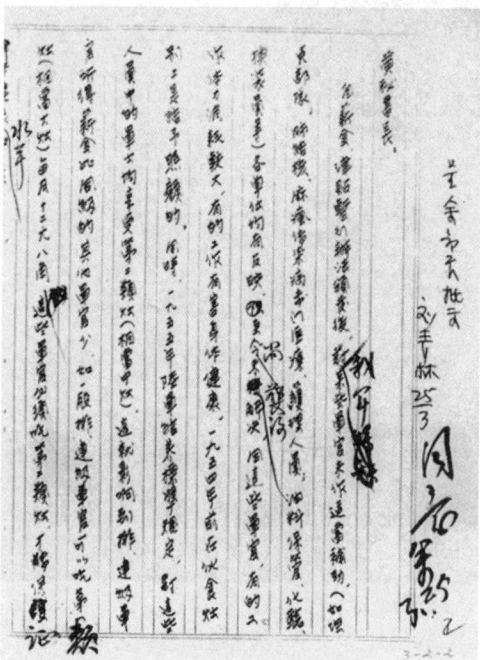

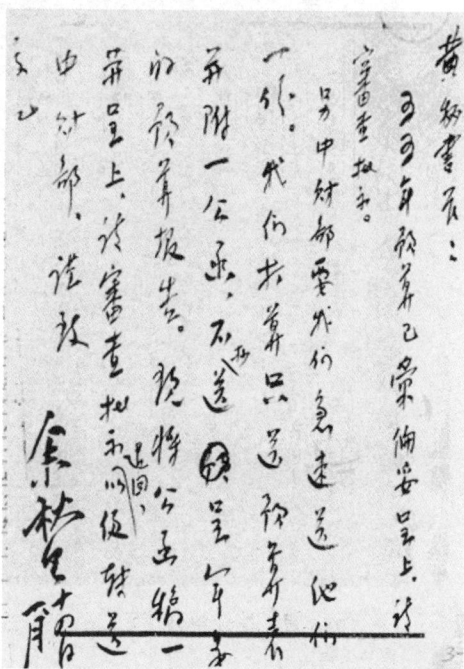

1955 年，余秋里被
授予中将军衔

只有石油是一个薄弱环节，不足需求的 40%。缺口部分除了国家有限的外汇购买，就是靠港澳朋友从南洋方面的海上走私。石油工业部是"一五"期间唯一没有完成产量计划的工业部门。

在此前不久由周恩来主持的国务院会议上，副总理兼国防部长彭德怀提出：让余秋里出任石油部长。各位副总理一一表态赞许。唯有贺龙没有开口，只对周恩来颔首一笑。他早在抗日战争时期就对彭德怀说过："余秋里是一个很善于打开局面的人。"

在菊香书屋里，毛泽东说："总理和彭老总推荐你当石油部长，听说你有些想法？"余秋里说："主席，我是怕石油部长这个担子受不起，我听说那地方很复杂，我又没学过工业知识。"毛泽东说："你是我们军队的总财务部长，会带兵，会算账，又能做思想工作，我看你当石油部长很合适。""今年你多大年纪？""43岁。""你年轻嘛。这搞经济、搞油其实跟打仗也有些一样，既要有战略思想，又要有不怕敌人、勇往直前的决胜精神。秋里同志，你说对不对？""对。"余秋里说。

20世纪50年代中期满眼忧虑的余秋里

这时，周恩来、陈云、邓小平、李富春都来了。他们先后过来和余秋里握手，余秋里挺了挺腰板说："请各位领导放心，我一定全力打好石油这个仗。"

菊香书屋里的统帅和
战将（油画·雷洪连作）

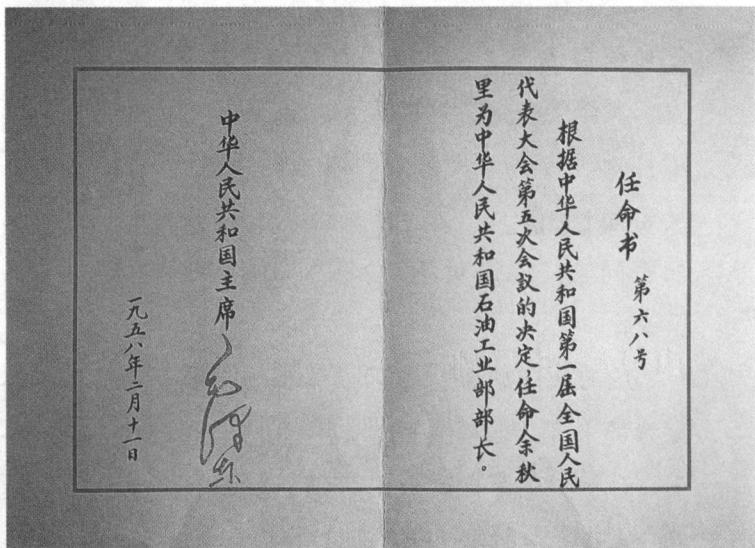

任命书　第六八号

根据中华人民共和国第一届全国人民

代表大会第五次会议的决定，任命余秋

里为中华人民共和国石油工业部部长。

中华人民共和国主席 毛泽东

一九五八年二月十一日

毛泽东亲笔签名的任命书

毛泽东说:"好,瞧见了没有?我们的新石油部长有股打硬仗求必胜的作风。"

2月27日至28日,邓小平在居仁堂主持石油工作汇报会,以插话的形式作了许多重要指示。余秋里将邓小平的插话要点归纳为:人造石油与天然石油两条腿走路,立足于天然石油;开发西部油田与开发东部油田并举,立足于开发东部油田,这成为中国石油发展的新战略。

早在1915年至1917年,美孚石油公司的一个钻井队来中国找过油,无功而返;美国地质学权威布赖克威尔德来中国调研后,一口咬定"中国贫油";中国自己的地质专家也抱这种观点。"中国贫油"成为国内外不刊之论。

余秋里和副部长康世恩、李人俊、周文龙、孙敬文等达成共识后,通过写文章、在中共八大二次全会上和冶金部"打擂"等形式,大张旗鼓地在石油战线向"中国贫油论"开战。

余秋里以为,没有胜战信心的部队是没有胜战可言的。统一思想之后,石油部党组将华北、松辽平原列为最有含油远景的第一类地区,石油勘探战略部署大步东移。

1958年秋天,川中传来发现高产油田的喜讯。苏联专家对余秋里说:"你这个部长真走运,刚上任就找到了大油田。你要请客。"余秋里高兴地让厨房做菜,按中国方式让他们庆贺了一回。

毛泽东对中国石油悬盼萦切，和朱德向地质部副部长何长工（左一）询问中国石油远景

10月底，川中石油会战正式拉开序幕。油是国家的血脉，也是军队的血脉。8月23日，还在万炮震金门时，毛泽东把余秋里召到了北戴河。毛泽东关注的是钢铁指标，但余秋里的压力是石油。虽然离开了军队，但老帅们和国防部的将军们时不时地询问他：油找得怎么样了啊？现代国防军事行动尤其需要油。这无疑给了将军部长的他很大压力，这种压力是常人难以理解的。

在决定石油会战的前夕，四川石油管理局总地质师李德生提出了异议："我觉得川中这样的地方，地质复杂，不宜如此大动干戈搞会战，最好再等等已经出油的几口井观察一下为妙。"

康世恩的眼睛一下子瞪大了："你再说一遍。"

余秋里本来坐着，一下子站起来了，大步走到李德生的面前："那你说要等到什么时候？"

李德生吓得直冒冷汗："这个我说不准，可能半年，也可能一年、两年……"

余秋里把拳头砸在桌子上："扯蛋！等你资料收集齐了，人家钢铁大王早把英美都超了，我们还干个鸟。你这叫动摇军心知道吗？油都喷到天上了，这是最好的资料。"

会战照常进行。在当时的环境下，石油部拔了李德生和四川勘探局长秦文彩的"白旗"。但自然规律是严酷无情的。最后发现，川中油田不是想象中的高产油田，原来预期的主要目标没有实现。

余秋里以后在其回忆里写道："那时，我们把形势看得乐观了，对问题看得简单了。问题是，我们还没有做很多工作，没有把情况搞清楚，就吹了牛，说了大话，这是个很大的教训。川中会战的经验教训是深刻的。我曾对四川石油管理局的同志说，感谢你们四川，川中是教师爷，教训了我们，使我们学乖了。"

川中会战不得已停止。余秋里在一次大会上，当众代表石油部党组向被拔"白旗"的秦文彩赔礼道歉，并以一个将军的名义，给秦文彩敬了个正正规规的军礼。20 年后，秦文彩担任了石油部副部长、中国海洋石油公司总经理。

四川石油管理局总地质师李德生则被调到了石油部，担任了石油部勘探司总地质师，他在大庆油田发现中建立了重要功勋，后当选中国科学院院士。

余秋里如实地把找油现状一一向上级汇报。

1959 年 2 月，余秋里向少奇同志汇报工作时，详

细谈了川中找油的情况。少奇同志听了以后说：真是古怪脾气！可能油是分散的，没有"大仓库"。少奇同志还以鼓励的口气说：将来一定可以找到的。

1959 年 4 月 2 日至 5 日，在上海的八届七中全会上，毛泽东主席问："余秋里同志，四川的情况怎么样啊？"余秋里心情沉重："报告主席，四川情况不好！经过勘探，发现那里油层薄，产量低，下降快，没有找到大的油田。"

毛泽东说：那里没有找到，就到别处找，"东方不亮西方亮"，中国这么大的地方，总会找到油的。

在找油受挫折的情况下，毛泽东和中央领导的鼓励和支持，使余秋里深受感动。

十五、"自古就有不怕死的谏官"

　　川中会战下马之后，石油系统相当一部分人，特别是领导层，因为川中会战半途而废更加重了"中国贫油论"论调，抑或出于政治安全的考量，对"大跃进"、"以钢为纲"特别积极，把石油工业这个本职业务丢到了脑后。连石油都不关心了，哪里还会有"集中兵力"的战斗热情？最典型的是新疆石油管理局。

　　新疆局一门心思花在大炼钢铁上。曾犯把进口的无缝钢管拿

余秋里在冷湖油田讲话

99

眉峰深锁、消瘦清逸
的石油部部长余秋里

去炼钢的低级错误，幸亏部里发现得早，及时制止了。1959 年 5 月，石油部副部长李人俊来新疆考查，指出新疆局炼钢规模过大，应适当收缩，可新疆局有人告李人俊右倾。余秋里根据李富春副总理的意见，给新疆局下达生产石油焦的任务时，他们却回答，第四季度工作规定："炼铁 7000 吨，钢 1000 吨，一定要完成；努力完成石油焦的任务。"余秋里看完文件，气得一巴掌拍在文件上："狗屎，这是狗屎报告。"

尽管"大跃进"给国民经济和人民生活带来的困窘暴露无遗，但庐山会议对彭德怀的批判和反"右倾机会主义"运动，使中国的政治生活进一步滑向极左的深渊。石油系统在甘肃的玉门油田和兰州炼油厂，因主要领导与甘肃省委的"大跃进"方针不协调，已被省委主要负责人点名批判。

庐山会议后，余秋里火急火燎地直飞酒泉，转道玉门。

那时石油系统属双重领导：行政业务由石油部垂直掌控，党委组织却是地方领导。玉门石油管理局的工人群众在中共玉门市委的支持下，提出放大油嘴，实现省委下达给玉门局的"跃进指标"年产 300 万吨。局长焦力人在石油部专家张俊、李德生等的支持下，坚决反对。因为放大油嘴，确实可以提高原油产

余秋里一行在玉门
油田考察

地质师司徒愈旺（中）
向余秋里介绍油田情况

量，但把油气放光了，想再采出油来就困难了。市委有人鼓动工人群众贴大字报，要将"右倾"、"保守"的焦力人等揪出来批倒批臭。

余秋里找来玉门市委主要领导，申明大义，晓以利害。玉门市委领导不敢做主，说是省委主要领导的意见。余秋里连夜赶往兰州，走马观花地看了一下兰州炼油厂，住进省委招待所宁卧庄宾馆，等着晚宴上与省委主要领导沟通。

兰州炼油厂厂长徐今强向余秋里汇报说，自己已被省委内定为"右倾分子"，就等宣判了。原来，甘肃省委为了把钢产量"跃进"上去，主管工业的同志命令兰州炼油厂挖掘潜力，将一切可以炼钢的铁家伙全扔进炼钢炉。徐今强被斥为保守，事实是一台闲置的鼓风机没有交出参加大炼钢铁：炼油厂一共有两台鼓风机，那一台是备用的，而且是新的，怎么能交出去呢？徐今强舍不得交出鼓风机，便面临政治生命的死刑。

余秋里听着气得直哼哼。晚宴结束后，余秋里与甘肃省委书记冼恒汉单独交换对玉门的焦力人和兰炼的徐今强的看法。两人由笑谈变成严肃的讨论，最后发展成激烈的争吵……

"抓右派？你抓个给我看看！"余秋里一巴掌拍在茶几上，"天塌下来我顶着！"

这一夜争吵持续到凌晨 6 点钟。

"一个也不准斗！焦力人、徐今强，一个也不准动！你要打他们右倾分子，我全调到部里去！"余秋里放下狠话，出得门来，冲随行人员大喝一声："走！"

　　余秋里在兰州这场整整一夜的争吵，传到了毛泽东那里。薄一波副总理向毛泽东详细汇报了当时的情况，毛泽东扼腕叹道："自古就有不怕死的谏官。"

十六、找到石油的定盘星
——"松基 3 号"

自中央决定重点实现石油自给的战略决策后，找油任务分别搁在了以地质勘探见长的地质部、以勘探打油见长的石油部和以科学技术研究见长的中国科学院三家单位身上。石油开发又有四个关键环节：普查、物探、勘探、科研，因此，所有涉及石油开发的机构被称为

风雪漫天的松辽平原，改写中国石油工业历史的大会战将在这里展开

"三国四方"，由地质部、石油部互相协调。因为地质部成立较早，党组书记是井冈山朱毛红军会师的牵线人、老资格的革命家何长工上将，他的家里就成了"三国四方"会议的场所。

何长工不止一次地当面夸奖余秋里，并说：在找油问题上，你秋里怎么让我这个老头子协助，我就怎么跟你转。而余秋里则不定期地带着石油部的班子、中科院的专家，在何长工的家里商定寻找石油的大计。

过去美国人和日本人也都在松辽一带做过地质勘探普查工作，他们得出的结论是"松辽无油"。但在 20 世纪 50 年代初，中国的地质理论首先有了大突破。李四光、黄汲清、谢家荣、翁文波首先指出了"松辽有油"的理论方向，特别是"陆相地层生油理论"的产生，决定和指导了大庆油田的发现工作。

从 1953 年开始，石油部的康世恩就不断派人对松辽地区进行油苗调查和地质调查。1955 年，地质部的黄汲清、谢家荣、翁文波等人就圈定松辽地区为重点地质普查方向，当年就在吉林北部和松花江沿线找到了含油页岩样品。经李四光、黄汲清、谢家荣等专家的研究，判定了整个松辽平原是个巨厚沉积且具有含油大构造的盆底。而石油部在 1956 年起，把松辽盆底作为石油资源的重要后备地区，并在 1957 年底编制出了松辽地区含油远景图，并提出了在这个地区进行物理勘探的部署和钻探基准机井的意见。1958 年 4 月，地质部的普查大队已经打出了油砂，有一口井全井共见含油砂岩

20 余层达 60 米之厚。

在 1959 年春节拜年的"三国四方"会议上，中科院的物理学专家顾功叙告诉余秋里：可以初步得出结论，松辽平原上有几个构造中藏着丰富的石油资源。现在的关键是要找到它。只是眼下我们定下的两口基准井形势有点不妙。

在松辽平原找油初期，根据石油部和地质部约定，两个部门在地质调查和地震物探方面的工作有分有合，主要以地质部为主；而在钻探和施工方面，则主要由石油部的队伍来完成。基准井决定着当时松辽找油的直接前景，只有石油部才具备深井钻探的技术与设备条件，因此由石油部和地质部两个单位的技术人员确定基准井

松基 3 号井喷油现场 |

方案后，余秋里和石油部就迅速调集了两个"王牌"钻井队——32118、32115 来到了松辽。

松辽基准井一共定了 3 口。松基 1 号从 7 月开钻，到 11 月 11 日设计进尺 1879 米，但是这个井基本失败，原因是没有见到油。松基 2 号开工一个月，也非常不理想，这口井钻进深 2887 米，除了在井深 168 米和 196 米之间的岩屑里见过少量的油砂外，同样没有获得工业性油气流。

气氛一下子紧张起来，到松辽找油，如果 3 口基准井都没有工业性石油显现，那问题就大了。余秋里在等待康世恩最后确定的"松基 3 号井"井位 3 方案，而康世恩则在等待前线地质技术人员向他报告被退回去的报告。

已经是深夜了，李人俊、孙敬文、周文龙因为受不了余秋里家会客室的浓烟而离去，只剩下余秋里和康世恩俩人，余秋里说："老康，你抽完这支烟就先回去休息吧。"烟雾中的康世恩摇摇头：回去我也睡不着，还是在你这里好一些。

3 号基准井的位置由地质部松辽普查大队拿出方案，确定在吉林省开通县乔家围子正西 1500 公尺处，并作了 5 点说明。但石油部松辽勘探局的张文昭、杨继良不同意上述意见，他们提出应向黑龙江安达县以西一带布井，并陈诉了相应理由。

地质部很快就同意了他们的意见，又派最早进入松辽的物探专家前来听取石油部对具体布孔的理由。最后物探专家朱大绶摇头表示：地震资料不够，没有电法隆起的基础工作，难说新孔是不是在所需的隆起构造上。

杨世良赶紧乘苏联专家的飞机去实地观察，石油部的同志则跟朱大绶一起去做地震工作。两项工作都证明了：只要稍稍移动预定的井位，就是最理想的基准位置。

余秋里这才以石油部的文件形式，批复松基3号井的井位。也许有过1号、2号的失利教训，余秋里特别谨慎和重视，文件下发了，仍然没有放松进一步论证的工作。1958年年底和新年年初，余秋里指示康世恩让翁文波和勘探司副司长沈晨亲自陪苏联专家布罗德再去长春，与地质部的同志再认真讨论一次基准3号井的井位。专家们经过几天反复审查已有的地质和物探、航探资料，最后一致认为：大同镇构造是松辽盆底内最有希望的构造。苏联专家更是一口肯定：再不见油，我就断了自己嗜酒的习惯。

1959年9月26日，位于黑龙江省肇州县境内的松基3号喷出了工业油流，洋洋洒洒地书写起中国石油工业的壮丽新篇。

苏联专家、巴库第二油田的发现组织者米尔钦科说："康，祝贺你，这口井的油气显示很好，要是在苏联，这么可喜的情况，我们是要举杯庆祝的。"

康世恩若有所思："我在考虑下一个问题，松基3号目前的进尺是1460米，出现了5.7的井斜。我想如果按照设计要求再钻进到3200米深，肯定有不少困难，纠井偏需要时间，往下再钻1700米，恐怕还要用一年时间。"

"怎么，你想现在就完钻？"米尔钦科说。

"是的，我想我们打基准井的目的就是为了找油的，现在既然已经看到了油气显示，就要看看它到底具备不具备工业性油的条件。"

"不行，康，你这样做是不对的，松基3号既是基准井，那它的任务就是取全芯、了解透整个钻孔的地下情况，这是勘探程序规定的，不能更改。"

"可勘探程序是你们苏联定的，我们中国现在缺油，国家需要我们尽快地找到油啊。找到大油田才是最根本的目的。"康世恩解释说。

"松基3号必须打到3200米，不这样你们就是错误。"

米尔钦科气哼哼地走了，康世恩看到20多双眼睛都在看着他，说："有什么好看的？我脸上有油吗？"

康世恩把电话打到了北京。余秋里对着电话筒，大声说道："我同意你的观点，松基3号现在就停钻试油，这个责任我负。"

余秋里把电话打给了何长工。何长工说："你们的决定我赞成。至于专家说的取岩芯的事，我看这样：我派我们的队伍在松基3号井旁边，重新钻口井，设计深度与松基3号井一模一样，全程取芯，以补松基3号的地质资料。"

余秋里脸上露出感激之情："老将军啊，您这是解

黑龙江省委书记欧阳
钦同志（中）来大庆指导
工作

我的大难啊。"

　　时逢新中国成立 10 周年大庆前夕，亲往松基 3 号
井祝贺的黑龙江省委书记欧阳钦在车上与同事们商定，
为了避开山西名城大同，将大同镇改名"大庆"，将来
这个油田就叫"大庆油田"。不久，黑龙江省人民委员
会根据欧阳钦同志的建议，作出了《关于成立大庆区和
将大同镇改为大庆镇的决定》。

十七、三点定乾坤——抱住了
大金娃娃

初创时期的中国石油工业，具有太多的未知数。油
在哪儿？能不能成为油田开发？用什么样的方式开发？
开发的结果怎么样？都是未知数。对一个充满无数未知

数的特殊战场，靠常规的工业化运作，实在是难以满足国家的需要。

1959年11月5日，石油部在北京华侨大厦召开部局、厂长会议。这个会一开就是20多天。会上，新疆、青海等局负责同志对明年可能会战松辽的战略部署，申述了不同意见。经过一次次正面思想交锋，终于形成了余秋里的长篇讲话，核心思想是"坚定不移地继续运用和发展全面的大协作精神"。

中国社科院出版的《当代中国石油工业》这部经典性的石油巨著里，浓墨重彩地写了这次会议，认为余秋里关于集中兵力打歼灭战的讲话，确定了在初创时期石油的开发方式，"明确了石油工业发展的指导思想，为组织大庆会战进行了思想准备，对于石油工业以后的发展具有深远的影响"。

局、厂长会议结束后，余秋里匆匆来到松辽前线实地考察。

时值腊冬，零下三四十度的严寒。余秋里在大同镇住下后，一个井队一个井队察看。吉普车在茫茫雪原驰骋。

晚上回到大同，大半夜大半夜地找专家们侃。他从北京出发时，将部里司、局和科研院有名气的专家网罗一空，全带来了，每晚折腾得他们直打哈欠了才撒手。

余秋里发现，从机关到井队，不管是权威学者还是青年工人，众口一词地咬定松辽油田是个大油田。那种

兴奋的情绪形成强烈的倾向，余秋里却偏偏提了"反面意见"。

这天晚上，余秋里来到地质组办公室，面对一屋子兴奋的笑脸，挥着手表情严峻地说："同志们，我的心情和大家是一样的，很高兴很高兴！但是，我们不能盲目高兴。我来提个反面意见：过去石油勘探的经验教训告诉我们，一口井出油并不等于一个构造出油，几个构造出油并不等于连片有油，一时高产并不等于能够长期高产！究竟这个油田是大油田还是小油田？是活油田还是死油田？是好油田还是坏油田？我们还很不清楚！我们在振奋之余，必须保持清醒的头脑，继续做更加细致更加深入的工作。"

这段话后来被黄汲清和翁文波分别称为"大哲学家的科学语言"、"石油学的战略与战术的经典思想"，它表明余秋里对石油开发规律清晰的认识水平。

这个南北走向的"长垣"2000多平方公里，油气富集区在哪里？最有利的构造高点在哪里？以现在20多台钻机两公里两公里地往北摸，3年也摸不到头。

余秋里将自己的忧虑向地质专家们和盘托出：我们能不能将所有布下的勘探分为三类。一类井只管往下打，不取芯，把电测、综合录井的资料搞好，争取最快时间掌握控制含油层就行；二类井则在油层部位全部取芯，以掌握油层特征，为计算储量取得可靠资料和数据；三类井是在构造的边缘打深井，以便通过分组试油等措施，确定油水的边界到底在哪里。最后再把这三类井所取得的各种数据放在一起，相互印证，这样做行不行？是不是可以同样达到地质教科书上的技术要求，从而获得了解这一地区的油层和圈定含油面积的目的？

余秋里的意见获得了翁文波和情况技术人员的赞同。张文昭、杨继良、钟其权等在汇报时说，从测井资料显示，愈往北油层愈厚。青年技术员王毓俊则建议：可以把钻探步子向北迈得更大一些。张文昭等离开后，夜已很深了，余秋里没有一点儿睡意，站在构造图前沉思默想，王毓俊的建议在他脑子里如风飘过："钻探步子迈大……"猛然间，一个大胆的设想让他眼前一亮：甩开！甩开钻探！挺进敌后，在最有希望的地方下钻，打它一个中间开花！

正当余秋里反复考虑从哪儿下手时，地质部长春物探大队送来最新完成的地震细测成果——大庆长垣地震构造图。在这个1米多长的图上，除南部的构造外，清晰地勾画出了杏树岗、萨尔图、喇嘛甸子3个面积各为100—300多平方公里的地质构造，可以明显看到3个高点，不但同重磁力、电法显示的轮廓和高点吻合，而且更准确地反映了这些构造的范围和高点的位置。

余秋里兴奋不已，彻夜难眠。他反复看这张图，盯着那3个高点，对萨尔图构造特别感兴趣。它的范围大，滨州铁路横穿而过，一旦出油，扩大钻探，开发建设，交通很方便，可以很快上去。这天夜间，余秋里作出一个决定：在这3个构造的高点，各定1口预探井，先上萨尔图，进行火力侦察。

第二天一大早，脸也顾不上洗，他就找到石油学院院长张俊和总地质师李德生，交换自己的想法。张俊和李德生听了很惊叹：大手笔啊！李德生和勘探司处长邓礼让当即火急火燎地确定井位，向北边70公里外甩下3口探井：萨尔图构造顶部"萨1井"、杏树岗构造顶部"杏1井"、喇嘛甸子构造顶部"喇1井"，首尾相遥100余公里。

两三个月后，这3口井相继喷出了工业油流，松辽油田的面目基本廓清，史称"三点定乾坤"，石油部和余秋里抱上了大金娃娃。

1960年新年悄然来临。余秋里正在井队与职工们庆祝新年联欢，突然接到中央办公厅通知，要他元月1日清晨赶到哈尔滨，和黑龙江省委领导同志一起，前往上海参加政治局扩大会议。

子夜时分，余秋里在秘书李晔陪同下，从让湖路车站乘上一辆拉煤的火车，蜷缩在守车的麦草堆里，直趋冰城……

十八、有条件要上，没有条件
   创造条件也要上

元月 7 日，在上海锦江饭店召开的政治局扩大会
议上，毛泽东向余秋里询问："你那里有没有一点好消

息?"余秋里压抑着兴奋之情报告毛泽东说:"从目前勘探情况看,松辽有大油田!"毛泽东听了很高兴。

余秋里从上海开会回来,立即召开部党组会议,研究组织松辽石油会战的细节。整整5天党组会议,会战所需物资在50多项数据上严抠细过,最后以决议的形式上报中央和李富春、薄一波两位副总理。

报告决定:松辽会战将在第二季度展开,现在招工已时不我待。在周恩来授意下,余秋里前往广州,直接向主持军委会议的毛泽东请求部队支援3万子弟兵。毛泽东聆听了余秋里的简约汇报,开心地笑道:"好哇!准备上阵喽。"

2月20日,余秋里还在从广州回北京的路上,中央对石油部党组关于在松辽组织石油会战的请示报告已批复下来。又是两天,即22日,中央"关于决定动员3万名退伍兵给石油部"的指示文件,已发往3大军区及12省市。

3月9日,国务院副总理、国家经委主任薄一波在中南海2号楼72号会议室主持召开协调松辽石油大会战会议。1区(东北协作区)、1厅(中央办公厅)、3委(经、计、建)、3省(吉林、辽宁、黑龙江)、13部(石油、地质、铁道、建工、冶金、商业、交通、邮电、水电、化工、一机、轻工等)主要负责同志44人参加了会议。薄一波作了长篇讲话,对各大单位的任务和职责进行了细致的分工。

与此同时,石油大会战的各项准备工作正紧锣密鼓

各路大军拥挤在站台上

铁流滚滚的会战大军

地全面铺开。

中央批准石油大会战报告的第 2 天（2 月 21 日），石油部在哈尔滨前线召开第一次会战筹备会议，决定由余秋里、孙敬文、康世恩直接指挥会战，并成立会战领导小组，组长康世恩，副组长唐克、吴星峰。

在队伍组织、人员集结、设备材料调度上，决定集中整个石油系统精兵强将，采取三种形式：一是"拔萝卜"，点名抽调一批标杆钻井队；二是"割韭菜"，将整个队伍成建制调出；三是"切西瓜"，把原队伍一分为二，调一半留一半。

所有的调令电报，一律签着"余康"，与作战电令没有差别。

一时间，千军万马赴大庆。

那是激情燃烧的岁月。石油系统从上至下，都以能参加大庆会战为荣。玉门局从大年初一开始，一天 500 人，一直走到正月十五。那些天，玉门南站人山人海，出发的，送行的，母与子，夫与妻，同志与战友，惜别叮咛，与奔赴战场别无二致。由于火车上太拥挤，一对年轻职工 1 岁的儿子竟被不幸挤死。这对夫妻把儿子的尸体从窗口递给站台上的工作人员，含泪出发了……

到 3 月 15 日，大庆油田已集结 1.7 万人，运抵安达的设备、器材 247 个车皮，1 万余吨。

余秋里将他的指挥部设在安达镇的一栋两层的小楼里，原先是县政府财政局的办公楼。大庆石油会战一直保密了 10 多年。会战指挥部代号"农垦总场"，下属单

当年的会战指挥部之一

冰雪里露营的石油战士们

位称"分场",一个"分场"一个信箱编号,指挥部机关的通讯地址叫"101信箱"。

满街都是人。狗皮帽子一身道道服,栽绒帽者都一身黄军装,全是石油将士。

黑龙江省成立了以省委常务书记强晓初为组长的支援大庆石油会战领导小组,修公路,调林材,做板房……"一切为农垦服务"的口号随处可见。尽管饥荒还在肆虐,依安县富饶公社80%的社员浮肿,省委仍然每月节约出15万斤粮食调运大庆。每一户农家都挤满石油战士,男女老少几辈人和石油战士挤在一屋里一炕上。

余秋里想到过开局的乱仗,但没想到乱得出了他的底线——从安达到让湖路站铁路两边,三四十公里,沿途堆满了从火车上卸下来的物资。由于缺乏运输工具,上一车的物资还没搬走,下一车又卸下了。铁路常常被积压的物资所侵占,火车脱轨司空见惯。

余秋里站在铁路上,看着一台台因没有吊车运走的钻机,听说已置闲7天之久了,忧心如焚。陪同的干部告诉他,也有几台开始工作了。

"谁的?"余秋里急切地问。

"王进喜他们队。"

"他们怎么运到井位的?"

"还不是人拉肩扛呗。"

"好!"余秋里将右手握成拳头狠劲一挥:"要的就是这个精神!你立即通知机关和井队,人拉肩扛!"

石油工人用肩膀运送设备

设备在泥泞中艰难地运行

铁路沿线顿时人群如蚁，号子声、喊叫声、机器轰鸣声响彻云霄。

"头上青天一顶，地上荒原一片。"一个井队 3 个帐篷就算安家落户了。3 月的松辽依然是酷冷的严冬，初春的狂风又准时到来。许多初到的井队，第一晚的帐篷一次次被狂风掀翻，只得将帐篷当"被子"裹着睡到天亮。

环境恶劣、食宿困难、器材短缺……会战的决心却是不可动摇。

余秋里在电话会议上以力挽狂澜的语气讲道："我们的困难确实很多，这没有那没有，这不够那不够。有人会说，这样子也叫会战？我说，这就叫会战！越穷越要干！只许上不许下！有也上，没有也上！条件好要上，条件不好有困难也要上！"

余秋里的这番话表示他的也是部党组一往无前的会战决心，成为石油系统常被各级引用的名言警句，后来由副部长孙敬文完善为"有条件要上，没有条件创造条件也要上"。

十九、宁肯少活 20 年，也要拿下大油田

余秋里出任石油部长后，将部队政治工作那一整套机制搬到了石油战线，最典型的是"支部建在井队"、部机关党委、大庆石油会战指挥部政治部等。

如果说余秋里以我军政治工作的创新，使中国士兵第

1960 年 4 月 29 日，大庆石油大会战誓师大会在萨尔图草原隆重举行

一次以决定战争胜负的质量，正式登上了东方军事舞台，那么他指挥的石油大会战，更是鲜明地印证了马克思唯物主义的基本原理：人民群众是创造历史的真正动力。

王进喜、马德仁、段兴枝、薛国邦、朱洪昌，这五大标杆，五面旗帜，引领着大庆会战数万职工的精神潮流。

1960年4月29日，大庆石油大会战誓师大会在萨尔图草原隆重举行。

会场是用彩旗分割的一片正方形草地，杉树圆木和木板搭的主席台，足有三四十平方米。开会的人们从4个用柏枝榆条扎成的彩门，以各自独创的形式，舞之蹈之进入会场：有穿红棉袄包着羊肚毛巾的陕北秧歌队，有团体"二人转"，有骑毛驴、划旱船、踩高跷的队伍……似乎是一场万人文艺表演大会。

誓师大会的压轴戏是"会战检阅"。

70多个农民吹鼓手在前面开路。王、马、段、薛、朱，"五虎上将"，十字披红，胸前的彩绸红花大如笸斗，骑着高头大马，他们的身后各一名旗手，高擎着有他们姓氏的"帅"旗。

战争年代，余秋里当年奖励3位特等战斗英雄，一人定做一枚纯金金星奖章。斗转星移，强调政治第一，这些有效措施被当作"物质挂帅"、"奖金挂帅"挨批了。于是，余秋里将一切可以体现时代风尚的政治荣誉，最大限度地献给5位英雄，包括由他们的领导、高级干部为英雄牵马。给王进喜牵马的是第三探区党委书记李

大庆会战五大标兵：王进喜、马德仁、段兴枝、薛国邦、朱洪昌

云，给段兴枝牵马的是探区党委副书记张云清，给薛国邦牵马的是探区副指挥孙燕文……

突然下起雨来。秘书李晔早有防备，站到余秋里的背后，撑起一把油布雨伞。余秋里推开了。他扶了下麦克风，猛地举起右拳，大吼一声："向铁人学习！"

"向铁人学习！"会场上口号轰响，如滚滚雷鸣。

"人人争做铁人！"

"人人争做铁人！"

王进喜确实是了不得，别人到萨尔图后看到人山人海乱哄哄的一片，就在那里等待上面分配工作，而他早把队伍和设备拉到井位。第一口井5天零5小时完成任务，他本人5天零5小时不离机台。

王进喜下火车问指挥部最后一句话是："这里打井的最高纪录是多少？"他要奔打井最高纪录而来。1959年，他来大庆前，他们的井队创造了71000米的全国最高纪录。

他在松辽出现只有十几天，就把几万人的会战大军震得又敬佩又羡慕。他整天一身泥一身油的没日没夜地在井台上，受了伤，拐了腿照常冲锋陷阵。钻机刚转起来，附近没有水，王进喜一吼，端起脸盆就往水泡子那儿去，一边端水，一边拐着腿说："余部长说了，我们来这儿是拿下大油田的，早一天拿下大油田，就早一天向毛主席报喜！没水就难住我们了？呸，老子就是尿尿也要把井打了。"

房东赵大娘第一次见王进喜这样没命干活的人，感动得直对1205队的同志们说："你们的王队长，可真是

零下40度的酷寒中跳进泥浆池搅拌泥浆的王进喜

128

中国共产党九大期间，当选中央委员的王进喜受到毛泽东主席的亲切接见

一个铁人啊！"

王进喜在会战中喊出了一句震撼人心的口号："宁肯少活 20 年，也要拿下大油田。"余秋里认为这不是一般的豪言壮语，而是广大石油职工的心声。

余秋里在一次干部会议上说："铁人！这个名字叫得好！对，王进喜就是王铁人！我们在这么艰苦的条件下搞大会战，就得有千千万万个王进喜那样的铁人！""向王铁人学习——！"他振臂喊出了这一句口号。

"轰——"也是凑巧，一道闪电，松辽平原炸响第一声春雷。

余秋里的这一阵呐喊，"王铁人"的名字传遍了整个松辽大地，后来传遍了祖国大地。王进喜，成了新中国工人阶级的楷模。

二十、"五级三结合"油田技术开发座谈会

在誓师大会前20天，1960年4月9日，余秋里召开了第一次"五级三结合"油田技术开发座谈会。参加人员有小队、中队、大队、指挥部、会战指挥部五级的干部、技术员、工人。这是余秋里抓油田开发的一大发明——他总喜欢发动群众。这个群众是多层面的，"五级三结合"后来成为大庆油田建设乃至全国石油开发工作中的一种制度而被固定下来。第一次会议开了3天，开始180人，后来扩大到500来人。问题摆完后，专家们讲述如何开发油田问题。余秋里和康世恩听几位地质专家介绍已经完钻的30多口油井情况，构造图上满是红、黄、绿三种颜色的点点。红点点为高产井，黄点点表示能确定产量的油井，绿点点是少油或没有油的出水井。

突然，余秋里大喊一声：不行。

他走到一个专家的跟前，问：你们凭什么说这口井是日产10吨油的高产井？为什么那儿是很少出油的低产量或是没有油只有水的枯井呢？

"这个……"专家竟然支支吾吾地说不上来。

余秋里再一次大声说道："这样没有充分根据地仅凭主观意识来说事太粗了！老康你说呢?"

康世恩有些坐不住了，他连连摇头叹息："是太粗了，太粗了。"

分析研究课题的大庆技术人员

余秋里说："大庆油田，一个世界级大油田，这是铁板上钉钉子的事了。可怎么开发这样的一个大油田呢？我看至少要弄清楚这么些地下情况吧……"

余秋里习惯性地用他唯一的一只手，扳起了指头："你得弄清录井资料吧？得弄清楚测井资料、岩石资料、储油层岩性资料、储油层厚度资料、孔隙率资料、渗透率资料还有油层温度资料……"

余秋里一口气说出了13种，康世恩又补充了6种，还有大项下的小项。余秋里说："我们石油工作者的岗位就是地下，我们的斗争对象是油层，这一点务必要牢记。老康，你让李德生他们立即动手把需要掌握的地质

当年的专家组成员、中国科学院院士李德生

资料和数据整理出来，并且形成文件，发到每一个井台，大家照着它，一项一项资料、一个一个数据给我落实，谁要马虎，谁就是对党对人民犯罪。"

会议后，由专家组李德生起草、康世恩定稿，"石油开发规则"的"20项资料72种数据"形成了。它使大庆石油会战实现了"树立地质工作的科学态度"、"一切科学分析要建立在大量数据资料、大量事实的基础上"，从而掀起了"取全取准各项地质资料的群众性活动"。

中科院院士、石油专家李德生

大庆会战中的"三结合"五级技术座谈会确定了 20 项资料 72 种数据

在 20 年后评价道："过去我们在工作中仅仅依靠很少的地质人员搜集资料，取资料与生产常有矛盾，工作中困难很多。有了这个会战技术规程以后，掀起了以'四全''四准'为目标的群众性搞地质资料活动。'四全'是：录井资料要全，测井资料要全，取芯资料要全，分析化验资料要全。'四准'是：测量压力要准，油气水计量要准，各种仪表要准，各种资料样样准。因而，这一'石油开发法则'的确定，成为了大庆乃至中国石油开发事业科学规范的技术依据和行为准则。"

20 世纪 80 年代，一位美国石油大公司董事长率团来大庆参观访问，浏览一遍 20 项资料 72 种数据，深为震惊，半天无语，回国后连开 3 天董事会，将大庆这一录井制度全套照搬，列为该公司严格执行的制度之一。

二十一、"干打垒"体现勤俭创业的精神

　　雨季来了。自从誓师大会那一声响雷之后，淅淅沥沥的雨水就再也没有停过。

　　余秋里将指挥部搬到了萨尔图，住进一个牛棚。草

石油战士们的家：地窝子

门帘草屋顶，漏雨让他通宵难眠。而石油战士们全部住在地窝子里。松辽平原的地窝子里，整个雨季都是湿漉漉的。从5月到9月，石油战士们基本没有穿过一天的干衣服。有一天余秋里来到一个地窝子，捏捏工人的被褥，潮乎乎的。掂起一个工人刚脱下的棉袄，沉沉的。余秋里让人一称：足足18斤。

雨季结束，冬天就来了。会战开始后，曾在东北地区长期工作的王鹤寿、王新三、顾卓新等老同志告诉余秋里：这里没有房子，过不了冬啊。出于好意，他们对余秋里说，如果冬天过不去，就在入冬前把队伍和设备撤到哈尔滨等大城市，来年春天再开上来。他们准备动员地方腾房子给会战队伍住。

余秋里权衡再三，感到不能走这条路。如果这样做，会战的有效时间，一年只有6个月左右。党中央批准的这场大会战，就会变成拉锯战和消耗战，给国家带来更大的困难。在会战前，余秋里多次说过："这次会战，只许上，不许下；只许前进，不许后退；无论遇到多大的困难，也要硬着头皮顶住。这个决心不许动摇。"

但在当时的条件下，要想盖几十万平方米的房子，让职工住进楼房，设备进暖库，蔬菜进窖，是完全不可能的。一是没有足够的资金，二是缺乏建筑设备，三是时间来不及。

有一天，欧阳钦书记告诉余秋里，为了让会战队伍安全过冬，他想了很久，有一种办法，就是搞东北老乡那种"干打垒"房子。这种房子，可以就地取材，可以人人动手，既节省木材，又冬暖夏凉。

余秋里一听，认为这个办法可行，很适合会战队伍。立即派人到农村考察。这种东北的"干打垒"除了门窗和房檩需要少量木料外，几乎全用土筑成。房顶不用瓦，用当地的羊草和芦苇作垫层，上覆碱土泥巴抹光而成，取暖则用火墙或火炕。这种房子看起来很土气，但防寒性能很好，夏天也不太热，适合居住，且施工简单，人人可以动手，能够大面积施工建设。

为此，会战指挥部专门成立了"'干打垒'建筑指挥部"，由孙敬文副部长负责。

为了取得经验，"干打垒"建筑指挥部首先组织了一个"干打垒"青年突击队，建成了一批房子，总结出了一套"干打垒"房屋的操作规程和施工标准，还试制了各种工具，提高了功效，成功地完成了试验和示范任务。在此基础上，他们向参加会战的共青团员和广大青年发出倡议和挑战：利用业余时间，参加突击搞"干打垒"社会主义建设义务劳动，在全区掀起了一场"干打

从机关办公楼、厂房到家属区：大庆特色的"干打垒"建筑创造了中华建筑史的奇观

垒"的热潮。

活动激发了强烈的发愤图强、自力更生的革命精神，增强了克服暂时困难的坚定信心。职工们上班8小时，下班又得干几小时，都是重体力活，说不苦不累，那是不真实的。可参加会战的各级领导干部，一大批来自城市的高级知识分子、专家、教授、工程师，都能以参加"干打垒"活动为荣，下了班就去现场，卷起袖子和裤脚，动手打夯掘土，挑水和泥，托坯抹墙，和工人们一起流汗水，没有一样不干。整个油田，就是一个大工地，几乎没有人没搞过"干打垒"。每到夜晚，挑灯夜战，人声夯声响成一片。

奋战120天，全油田完成了30万平方米的"干打垒"房子，原来的一部分木板房和简易房也都穿上了棉衣，采取了保温措施。当年实现了"人进屋、机进房、菜进窖、车进库"的目标，会战队伍及设备安全度过了冬天。

"干打垒"体现了勤俭节约、勤俭办企业的创业精神。大庆油田开发之初，国家遇到暂时困难，资金十分紧张，要求在油田开发中必须要用较少的钱，办较多的事，用穷办法办大事。余秋里算过一笔账，如果建楼房，当时需要6000万元，"干打垒"则只需要900万元，可节省资金5000多万元，这在当时是一个很大的数字，可以办很多事情。

现在，大庆的"干打垒"已被高楼所代替，但"干打垒"所体现的勤俭精神、创业精神，仍在激励着人们为建设四个现代化艰苦奋斗。

二十二、与饥饿作斗争：与其苦熬，
不如苦干

　　天寒地冻、风雪大烟炮，并不是大会战的主要困难。饥饿，成了大庆石油战士的头号杀手。

　　就在会战进入白热化的 1960 年下半年，号称粮仓

生活最困难的时候，余秋里在玉门职工食堂与石油战士一起就餐，感受饥饿

的黑龙江省粮食储备已经超过了"危险线",会战职工的粮食定量顿时锐减。机关干部减到20多斤,钻井队一线体力劳动工人,减到40斤左右。豆类副食品极少,肉类几乎绝迹。

到年底,因为严重营养不良,浮肿病非常普遍,连局厂领导干部乃至余秋里身边的秘书李晔,也有一段时间双手双脚浮肿,上楼梯都喘不过气来。余秋里要求大庆每天给他报一次浮肿人数,开始是几百人,第二天就上升到1000人,以后是2000—3000人,最多达到4600多人。

有的职工饿得实在受不了了,到老乡地头偷点土豆棒子吃,被抓住扒光衣服吊打。公安部门开着囚车,由社员领着到井队捕人,最多的一天被抓去200多名。一份案卷放在余秋里面前,上面写着47名工人的"罪行":孙文良"盗窃"葱2斤,范华银"盗窃"车站豆饼半块(他已吃约半斤),张贵有偷粮"嫌疑"……

"胡扯!"余秋里勃然大怒,命令管保卫的同志,"你立即去把我的人领回来!""我的人"被领回来了,以为是要挨批的,余秋里吩咐,先让他们"管饱"。

会战指挥部采取了各种措施,尽量改善浮肿病人的生活。余秋里提出"干部进食堂,书记下伙房"。每个伙食单位必须保证一名干部在食堂与炊事员同做、同吃、同算、同议,抽调干部和红旗手担任食堂管理员,食堂必须做到账目清楚无贪污无浪费,一定要让工人吃到热饭、热菜、热汤。

最困难的时候是 1961 年 6 月，黑龙江的库存降到最低点，只能维持到 6 月底。会战指挥部抽调张文彬全力集中抓伙食，组织几万人下地挖野菜，共挖野菜 20 多万斤，和杂粮一起做，以填饱工人的肚子。

余秋里听汇报的时候，心里非常难过，告诉前线，吃的野菜，一定要先鉴定，以免中毒。许多年以后，余秋里在回忆时说："除了这些，我还能说什么呢？"

过了最困难的 6、7、8 月，到了秋天，油田开荒的庄稼陆续丰收，生活开始出现转机。还在浮肿蔓延的时候，余秋里就提出：究竟是苦熬好，还是苦干好？解决饥饿问题，最根本的还是要发展生产增加粮食、蔬菜来解决。即便全国丰收了，也不可能让你放开肚皮吃饱饭。与其苦熬，不如苦干，自己动手，生产农副产品，改善生活。

在饥荒的年代里，余秋里号召把职工家属组织起来，男做工，女种田，生产自救，夫妻团圆，丰衣足食。从玉门来的家属薛桂芳，听说余部长鼓励来队家属生产自救，索性带着钻井指挥部机关的 4 个小姐妹，扛着铁锹背上行李，到离住地 30 里外的一片肥沃荒原安营扎寨，不几天

图为薛桂芳和她的小姐妹们正在挖地

大庆的石油女战士们

就开出了 5 亩地。又有 18 名家属闻讯加入，很快开地
32 亩，当年就收获黄豆 3000 多斤。

年底的庆功大会上，余秋里将英雄红花献给了薛桂
芳和她的小姐妹们。"五把铁锹闹革命"的佳话，写进
了大庆创业的史册。

在 1961 年初，石油部党组就决定全国石油企事业
单位，凡是有条件的，都要搞农副业生产，以减轻国家
的负担。这一年，油田勘探开发建设大干了一年，农副
业生产也大搞了一年。战胜了春旱、夏涝和虫灾，抗旱
和灭虫时，无论是谁都得上，每天干两个小时以上。到
秋天收割的时候，又组织大家去捡了一遍，硬是叫血汗
换来的粮食不丢不落。这一年，粮食作物总产量达到

304 万斤，蔬菜达到了 1316 万斤，还生产了十几万斤肉，捕了 24 万斤鱼，整个油田都洋溢着丰收的喜悦。

1962 年，石油部党组进一步扩大农副产品的生产规模，向周总理要了 10 万亩荒地，在大庆建立了大型农业基地，产粮 1000 万斤，蔬菜 1800 万斤，在没有增加国家负担的情况下，度过了 3 年经济困难时期。

1962 年初，有一天余秋里看到四川局副局长秦文彩上楼梯爬一级停下来喘口气。一问，他浮肿得厉害，

学习、工作标兵：大庆油田饲养员赵富

大庆人用自己的双手
迎来了大丰收

腿上一按一个坑。余秋里眼里潮润了。他发现参加会战的局、厂长领导干部基本上人人浮肿。当时的条件已经有了根本性的好转，余秋里当即召开部党组会议，决定将部机关和一些局、厂自产的主副食火速调运大庆。时值冬休整顿期间，他把局、厂长们集中起来总结学习，其实是来改善伙食的，敞开肚皮不限量，天天有鱼有肉，光粮食就吃了1.4万多斤。30多天的"会议"，局、厂长们的浮肿全部消灭，个个精神抖擞地走上了战斗岗位。

二十三、一把火烧出了"三老"、"四严"作风

1962年春天，大庆会战进入第3个年头，生产和建设规模迅速扩张，可谓日新月异，气势如虹。就在这时，5月8日凌晨，大庆新建成投产的"中一"注水站发生火灾，一烧就是两个多小时，厂房、设施付之一炬，直接经济损失160多万元。那时的百万元可不是个小数。余秋里和在大庆前线指挥的康世恩通电话，得到证实后，"我很快返回大庆!"说完扣上了话筒。

火灾事故现场，余秋里平静地看，平和地问，偶尔一声不经意的叹息，释放着胸中的电闪雷鸣——

这个注水站从去年10月投产到火灾发生前1个月，仅仅半年时间，已出现23次火警、机械事故5次了!横道烟管破裂，灭火器材失效，水枪不知去向……

看遍了边边角角，听完了调查汇报，余秋里说了一个字："好。"

"好什么好?"余秋里主持前线工委会议，一脸凝重，语词狠烈，"是好在还没有人员伤亡，没有影响会战全局，好在这一把火，烧出了我们的问题和严重不足! 如

果我们不长记性，不吸取这个教训，不从源头卡紧卡死事故苗头，我们还会出更大的问题！"他停了一下，继续往下说，"我的感觉是，大庆油田现在已进入正规开发建设阶段，几百口油井、注水井，几十个转油、注水、变电站，几千台设备几万名职工日夜工作，千头万绪，就要有一个与之相适应的严密的、严格的、严谨的科学管理制度，用铁的纪律有条不紊地规范各行各业的生产秩序，确保大会战的最后胜利！"

余秋里在车间蹲点调研后，制定"岗位责任制"

工委当即决定，组织基层干部职工分批到火灾现场参观，回去后开展大讨论：一把火烧出了什么问题？如何从根本上杜绝此类事故再次发生？

大讨论中，有从部队转业的基层干部提出，最好是像解放军的"三大纪律八项注意"和哨兵守则，用简单的条条框框，把劳动纪律和生产责任一项一项规定清楚。

146

"好得很!"余秋里当即拍板,"这就叫工作生产岗位责任制!"

余秋里带着160多名生产管理干部和工程技术人员,在10个基层单位蹲点调研,并在"北二"注水站率先试点,从"清物点数"、摸清家底开始,将全站所有设备、闸门、螺丝、工具、仪表等一一盘点,管理到人,逐步形成了"岗位专责制"、"巡回检查制"、"交接班制"、"设备维护保养制"、"质量负责制"、"安全生产制"等八项制度,统称"岗位责任制"。

再好的制度也是要人来执行的。

采油三矿五队李守德井组和二矿五队李天照井组执行"岗位责任制"时,强调"四个一样"(黑夜和白天一个样,雨天和晴天一个样,干部在不在一个样,检查不检查一个样)。余秋里听了汇报半晌无语。他不让通知,悄悄来到这两个井组。果不其然,机械设备清清爽爽,物资部件整整齐齐,生产秩序井井有条,好像来到了他久违的军营,一种刚烈清正之风,让任何一个邋遢散漫的人到此都会自惭形秽。

"你们真是四个一样嘞!"余秋里和井长李天照促膝谈心,"是怎么做到的啊?"

李天照老实巴交地汇报:"部长啊,只要是个好人,老实人,就一定能做得到。一个整天耍嘴皮子使乖卖巧的人,作风不正派的人,是做不到的⋯⋯"

"嗯,嗯。"余秋里直点头,"可是呢,好人也会出错呀,比如,他工作太累了,不小心睡过头了⋯⋯"

"部长，这就要严格要求！"李天照认真地说，"只有要求严了，丁是丁卯是卯，不怕做不到！"

余秋里心中有数了：老实正派的作风，是落实"岗位责任制"的首要前提。他联想到1958年"大跃进"中，浮夸风，说假话，报喜不报忧，给国家造成灾难性后果的人，都是作风不正派不老实的人。在一次党组会议上，余秋里提出了这个设想：要求大庆会战的每一个

升任钻井大队长的王进喜在井队严把质量关，斜井自此绝迹

"铁人"王进喜和战友们交流思想

指战员，成为作风正派的人。唯其如此，"岗位责任制"才有可能落到实处。

1962年12月25日，深思熟虑之后，余秋里在全国石油直属企业电话会议上，正式提出了在石油系统提倡和树立"三老"、"四严"作风，即：当老实人，说老实话，做老实事。严格的要求，严密的组织，严肃的态度，严明的纪律。后经过部党组充分讨论，1963年正式写进了《石油工业部工作条例》。

要把写在纸上、贴在墙上、说在嘴上的清规戒律变成每个人的自觉行动，先决条件是制定这些清规戒律的人，自己能否做到。一个社会群体的审美流动，仅仅是引领者的示范效应。

余秋里身体力行，从自己做起，从身边做起。

王进喜的老标杆队 1205 钻井队打了一口井，斜 4.7 度。要在"大跃进"年头还可以说是好井。"现在不行！"尽管余秋里对 1205 钻井队感情特殊，还是咬着牙说，"克拉玛依和玉门就是吃了这个亏！填！王进喜，你一定要给我填起来！"

打一口井多不容易啊！王进喜扛水泥，钻井指挥部指挥李敬也来扛水泥，硬是把这口井填起来了。过后，王进喜哭了，许多工人都哭了。

这一天是 1961 年 4 月 19 日，王进喜将这一天定为"警示日"，后来被钻井指挥部采用，每年的"4·19"，各井队都会讲这个故事，检查隐患，警钟长鸣。

也有想蒙混过关的。一个井队也打了一口斜井，6.2 度，反正不厉害，就下了套管，进行了水泥固井，就准备射孔试油了。

"好么！"余秋里一拳击在桌子上，怒不可遏，"给我把套管一根根拔出来！"

余秋里的命令一级级电话传到井队。全队 50 多条汉子，一个个捧着脸嘤嘤啜泣。"拔！"队长大吼一声，冲上了钻台。

这天浓云蔽日，天气很不好，整个战区阴霾涌动，人们心情沉重，似乎那拔套管的钻机，绞痛着自己的心脏。

斜井自此绝迹……"三老"、"四严"的作风，也在整个石油系统春风化雨，浸润养成。

二十四、结束"小茶壶"式的
炼油历史

1960 年 6 月 1 日,第一列车原油开出大庆,此后
原油产量节节上升,1961 年达 274 万吨,1962 年上升
到 355 万吨,1963 年提高到 439 万吨,1964 年猛增到

康世恩为第一列车
原油外运剪彩

625 万吨。大庆油田共动用 241 平方公里面积，投产 700 多口井，原油产量突破 800 万吨应不成问题。

1962 年初，中央召开七千人大会，会间休息时，毛泽东将余秋里喊进休息室，突然问道："余秋里呀，你能不能多搞些品种啊？"

1949 年全国的原油加工能力只有 17 万吨，油品自给率不到 10%。1958 年余秋里上任时，石油品种已达 140 种，4 年过去了，现在虽然有了 400 多个品种，但离国家的需求还有相当大的距离。

就在两个月前的 1961 年年底，一个美国军事专家在第 12 期《世界石油》杂志上撰文说："对红色中国来说，（石油品种）自给自足障碍极其严重，苏联决定从中国撤走专家，大量的非熟练工人并不能代替专家，小茶壶式的炼油装置，生产的品种极为低劣，且成本高。结论只能这样，红色中国并没有足够的燃料进行一次哪怕是防御性的现代战争……连几个星期也不行……"

20 世纪 60 年代初是多事之秋。中印边界和台湾海峡剑拔弩张，战云诡谲。不管是国际局势还是国内市场，石油产品必须刻不容缓地搞上去！大连石油七厂最先接受大庆原油，开初试炼很不顺利，不是原油卸不下来，就是管线冻堵，还多次发生火灾。余秋里带着周文龙、李人俊、孙敬文、刘放 4 位副部长轮流坐镇七厂，在这里开始了为期 50 多天的炼油会战，共加工大庆原油 13.5 万吨，生产出合格的汽油、煤油、柴油和 10 号汽油机油、变压器油、锭子油等众多油品，及时缓解了

20 世纪 60 年代中期，
滚滚外运的大庆石油

在邓小平鼎力支持
下，龙凤炼油厂生产蒸蒸
日上

国内十分紧张的油品市场。

余秋里正待扩大战果，集中优势兵力会战年产 300 万吨的大庆龙凤炼油厂，国家经济形势发生了急骤变化。七千人会议的核心意思是两个字：下马。资金还没到位的龙凤炼油厂，说不定就在下马名单之中。

毛泽东的期望让余秋里胸中卷起一股热浪，当即大声报告："主席，我们一定多搞些品种！"

多搞些品种就要加快炼油厂建设步伐。余秋里和李人俊向邓小平寻求支持。邓小平当即特批 5000 万元，为余秋里发动的龙凤炼油厂会战，提供了充足的资金保障。

结束七千人会议后返回大庆，余秋里拉开了龙凤炼油厂会战序幕，18 个月后结束战斗，流化催化裂化、铂重整、加氢精制等 14 套装置的新工艺、新流程、新技术，以及催化剂、添加剂的攻关成功和投产，航空油等一系列尖端军工产品陆续问世，标志着我国炼油工业从此结束了"小茶壶"式炼油方式，在成品油上仰人鼻息的历史自此终结。

二十五、把贫油国帽子扔到
太平洋

　　1964 年底，我国的原油加工能力突破 1000 万吨，全年实际加工量 814.9 万吨，四大类石油产品产量 437 万吨，自给率达到了 88.3%。1964 年 12 月，周总理在

周恩来在余秋里和
康世恩的陪同下视察大庆

第三届全国人民代表大会第一次会议的《政府工作报告》中宣布："我国经济建设、国防建设和人民所需要的石油，不论在数量或者品种方面，基本上都可以自给了！中国人民使用'洋油'的时代，即将一去不复返了！"石油自给，在当时的时代环境下，极大地鼓舞了全国人民建设社会主义国家的信心和斗志。

1963年11月19日，余秋里在大会上作了半个小时的发言。一个多月后，12月28日，中央书记处书记、北京市委第一书记彭真主持，余秋里在人民大会堂这个神圣的舞台上，向中央机关17级以上干部介绍大庆会战经验。5.6万名听众，静如空谷。一个明显的江西口音，抑扬顿挫，掀起了雷鸣般的掌声。

在一个多月后，毛泽东的会客室里，坐着周恩来、陈云、邓小平、李富春、李先念等党和国家领导人。毛泽东喜气洋洋地要求余秋里："给我们讲讲大庆石油会战嘛！"

1964年2月5日，中共中央发出《关于传达石油工业部关于大庆石油会战情况的报告的通知》。《人民日报》以头版头条通栏刊出毛泽东的号召：工业学大庆。新华社通稿《大庆精神、大庆人》，占领了那些日子中国平面传媒的主要版面和黄金时间的波段频道。

余秋里后来在回忆录里援引了大庆油田的统计，截至1993年，大庆油田累计生产原油12.37亿吨，累计上缴国家利税1068亿元，超过国家投资的20倍以上。

这段时间的余秋里可谓鲜花拥道名重一时，就连暂

居乡村农舍的彭德怀，也从收音机里听到了大庆石油会战取得全胜的消息。他指着收音机哈哈大笑："你说怎么样？这个石油部长我选对了吧?!"

那些天，大庆可谓冠盖云集。刘伯承、叶剑英、陈毅等元帅视察大庆，对大庆的"三老"、"四严"作风赞不绝口。刘少奇、邓子恢、李富春、薄一波、杨尚昆、彭真、李先念等先后视察大庆……

余秋里没有任何改变。对他来说，就像战争年代夺下了爷台山之后又盯上了卓资山一样，一个战役的胜利仅仅是下一个战役的序曲。

新的作战决心图——华北油田地质构造图，在余秋里办公室的墙上，已挂了很长时间了。

周恩来在余秋里的陪同下和大庆技术人员交谈

157

邓小平视察大庆时，
与王进喜亲切交谈

1958 年，彭德怀在
兰炼视察

早在 1961 年 2 月 26 日,华北石油勘探处的帅德福、安培树两位地质师来到石油部,将一颗闪光的油砂放在余秋里面前,这是位于山东东营构造"华 8 井"钻到井深 1194 米时,从牙轮钻头上发现的。余秋里用放大镜仔细看了一遍,嘿嘿笑了:"这个小宝贝呀,可是比金子还要珍贵喽!"适值午饭时间,余秋里让秘书通知食堂,加了好几个菜,开开心心地和两位前线地质师碰起杯来。

转眼两年过去,东营、胜利村——坨庄构造已完成 18 口探井,16 口见到工业油流,其中"营 2"、"营 4"、

贺龙视察大庆

朱德和董必武视察大庆

华北战场传来喜讯：
数口钻井相继出油

华北胜利油田"坨11"
井高产井喷，成为余秋里
石油心结的美好慰藉

"营6"、"坨7"等井分别喷出了高产油流。

经中央批准，1964年初，由康世恩任会战工委书记、总指挥，吴星峰、张文彬、唐克、杨文彬等任会战工委副书记、副指挥，5500多石油将士，继大庆石油会战之后，第二场石油勘探会战在华北平原全面展开。

3月13日，余秋里快刀斩乱麻地结束了北京的一切事务，直抵华北前线扎寨东营坐镇指挥。华北会战轻车熟路，且得天时、地利、人和之多助，比大庆会战要顺利多了。1965年5月，胜利村——坨庄构造含油面积和地质储量基本探明。余秋里以他六七年来潜心探索的地质学经验，亲自定的一口井——"坨11"井，1965年1月25日完钻后，通过30毫米油嘴试油，24小时竟然出油1134吨！这个日产千吨的油井，连续出油一个多月，一举刷新了中国油田的高产井记录。

随着河庄、郝家、广利、纯化、永安、滨南、尚店、八面河等8个油田相继被发现，东营——辛镇和坨庄——胜利村构造的储油密码被一一解开，中国第二大油田——胜利油田的勘探会战，至此圆满结束。胜利油田在1978年原油产量达到1946万吨，成为中国第二大油田。

到1965年底，全国炼油年加工能力达到1423万吨，原油加工量突破了1000万吨，四大类石油产品的产量达到617万吨，自给率达到100%，产品质量优良，合格率全部为100%。

二十六、受命编制国家第三个五年计划

1964 年 12 月，余秋里正要前往山东，部署胜利油田下一个战役，毛泽东决定调他到国家计委工作。

1963 年，大庆油田建成相当规模。1964 年 1 月 25 日，毛泽东发出了"工业学大庆"的号召。在这之后，他多次表扬石油部和余秋里。

20 世纪 60 年代中期的余秋里

1964 年 3 月，毛泽东在一次谈话中说："石油部作出了伟大的成绩，它既振起了人们的革命精神，又搞出了六百万吨石油，还有一百万吨的炼油厂，质量是很高的，是国际水平的。只有这样，才能说服人嘛！"

1964 年 6 月，中共中央在北京召开工作会议。毛泽东在讲话中提出要改编编制计划的方法，进行计划工作革命。

毛泽东认为五年计划基本是照搬苏联模式，按苏联的那一套计划是以钢铁生产为中心设计的，不计划天老爷和战

争，更不符合我国以农业为基础以工业为主导的方针，
应该有个革命性的改变。

陈伯达搞经济工作是个门外汉，但他兼任国家计
委副主任。他于 1964 年 8 月 20 日给李富春写了一封
信，强调要按毛泽东的指示改进计委工作。27 日，陈
伯达将这封信的抄件呈送毛泽东，毛泽东当即批示
道："计划工作方法，必须在今明两年内实行改变。如
果不变，就只好取消现有计委，另立机构。"12 月 7
日，李富春组织国家计委干部进行讨论，力求尽快改
变计划工作方法。拟定了一个《关于编制长期计划的
程序问题》。毛泽东于 12 日的批示中虽未完全否定，
但是说"仍然是形而上学的东西"。

1964 年 12 月 20 日的中央工作会议上，毛泽东以
商量的口气提议调余秋里到国家计委工作，问大家有
何意见。有人说余秋里乃一员"猛将"、"闯将"。毛泽
东听了，反驳道："余秋里做计委副主任不行么？他只
是一员'猛将'、'闯将'么？石油部也有计划工作嘛！
是要他带个新作风去！"周恩来紧接着说："去冲破一潭
死水！"

就在会议休息的间隙，周恩来找到余秋里语气平
静地说，中央考虑调你到国家计委工作，任第一副主
任。富春同志身体不大好，今后计委由你主持工作。
余秋里一点思想准备也没有，直铳铳地坦言，总理呀，
我对全面经济情况一点也不熟悉，恐怕做不好这个工
作呀！

周恩来严肃地叮嘱道,你不了解情况可以带点人去嘛。需要调什么人,你提一个名单报给我。调你去计委是毛主席提的名,你就不要推辞了。

不几天,中央正式任命余秋里为国家计委第一副主任兼秘书长、党组书记。

毛泽东调余秋里到计委任职是别有深意的:他要余秋里负责组成一个"计划参谋部",亦即"小计委",负责国家经济战略全局的谋划;原国家计委主要负责日常事务。毛泽东特别交待,"小计委"由周恩来总理直接领导,国务院各副总理不得干预他们的工作。周恩来向余秋里转达毛泽东的指示,提醒他立即做好两个事,一是根据毛泽东对计划工作的历次指示,起草一个"计划工作革命问题的设想",二是提"小计委"名单。

1965年1月上旬,《关于讨论计划工作革命问题的一些初步设想》(草案)出炉,"计划参谋部"名单也一一敲定:余秋里、李人俊、林乎加、朱理治、刘有光、张有萱、杨煜、贾庭三、安志文、王耕今、马仪、白扬。他们基本是工业、农业、国防等部门的精英。最后确定由余秋里、李人俊、林乎加、贾庭三领衔组团,在中南海办公。

余秋里对周恩来的敬重除了上下级关系,更多的是师生之情。有同志发现,余秋里在任弼时、贺龙、彭德怀面前,首长递一支烟过来,他忍不住会接过来过一把瘾。可在周恩来面前,他从不吸烟。尽管他向周恩来坦陈自己对主持国家计委重责的忧虑，可一旦走马上任，便对身边的人说过一句狠话："我就不信国民经济搞不上去！"

1965 年 1 月 23、24 日下午，毛泽东主持召开政治局常委扩大会议，听取余秋里"关于计划革命问题"的口头汇报。

两个下午的汇报，毛泽东兴致极高，不时插话，谈古论今，想象纷呈。这几年毛泽东对国家计委的批评意见，余秋里时有耳闻。他知道毛泽东最关心的是"准备打仗"和"建设三线"问题，便以此为中心，重点直陈自己的一些想法。整个汇报会，成了毛泽东和余秋里两人对中国当前和未来经济工作战略性思考的对话。

准备 1966 年开始执行的"三五"计划的编制，本质上是要将这个汇报会上所传导的基本精神，用经济决策纲领性文字和阿拉伯数字彰显出来。这对余秋里来说，和当年接手石油部长一样，又进入了一个全新的领域。

从 2 月 6 日开始，余秋里把各个经济部门的负责人请来开小型座谈会。谈现在的基础和潜力，谈今后的发展和设想，谈第三个五年计划的生产指标、建设项目和需要的投资制备以及物资保障……采取"车轮战法"，一个部谈完了，再谈一个部。

白天结束座谈会，晚上再开参谋部作战研讨会。李人俊领略过夜战风采，林乎加和贾庭三等可是老将遇到新问题了，天天给折腾到夜里 12 点以后，硬是要拿下

"三五"计划制定前,
毛泽东在杭州考察

这个"山头",弄出一个合情合理且有点新意的解决方案,才将这一天画一个圆满的句号。

为了让中央及时了解和掌握"三五"计划的编制情况,余秋里采取化整为零、逐一围歼、"下毛毛雨"的办法,谈一个部,写一份摸底调研,做一个方案设想,出一期工作简报,上报党中央、国务院审阅。3个月后,各部座谈会结束,简报方案汇总,经过一番综合平衡,"三五"计划的轮廓已清晰可见。

5月31日,刘少奇主持政治局常委会议,听取了余秋里的汇报,指示"小计委"向在外地的毛泽东直接汇报。6月15日,余秋里随周恩来直飞杭州。对"小计委"的每期座谈会简报,毛泽东早就一一看过了,即便是余秋里半个月前在刘少奇主持的政治局常委会上汇报的"三五"计划提纲，毛泽东也看过了。"提纲"的核心意思是在第三个五年计划期间，我国建立一个独立的比较完整的工业体系和国民经济体系，重点解决"立足于打仗"、"大力发展农业"、"加快以钢铁和机械为中心的基础工业建设"、"猛攻科学技术"等四个问题。

"已经有了文件，还要谈吗?"毛泽东很开心地看着余秋里，笑眯眯地问。

"主席，"余秋里赶紧说，"我们还有几个问题，需要向您请示汇报哩。"

"好嘛! 那就谈一谈吧!"

尽管"汇报提纲"将"立足于打仗"放在首位，余秋里心里最关注的还是民生。他从"三五"期间要大体解决吃穿用、农业和国防工业的关系、压缩基本建设项目、减少各部三线投资规模等等有别于"汇报提纲"的思考，小心地一一陈述。让余秋里大松一口气的是，毛泽东大概鉴于"大跃进"的教训吧，对余秋里"压缩"、"减少"等很是"消极"的内容没有责备之意，倒是激赏之情溢于言表，并指出有些生产指标过高，建设规模太大，余地留得太小。余秋里听着如饮甘醇，如释重负。

从杭州回来，余秋里和参谋部战友们日夜加班，根据毛泽东和周恩来的指示，对"三五"计划进行了大刀阔斧的修改和完善，并于1965年9月的中央工作会议上获得一致通过。

许多年后，薄一波在《若干重大决策与事件的回顾》一书中写到"三五"计划时说："应该说，在毛主席直接过问下制定的'三五'计划，的确是一个有骨有肉的好计划。"

二十七、汇报修改"三五"计划的
愿望成泡影

李富春出身书香门第，才调高卓，温文尔雅。他主持计委会议时，各部门负责人争投资、要项目，相互叫阵，气势咄咄，李富春总是一脸忠厚长者的笑："就是'鸿门宴'，也要喝一杯酒嘛！"

余秋里在全国人大
三次会议上发言

169

李富春对余秋里来计委工作非常支持，他在 1964 年底的会议上提出："今后党组会议由余秋里主持，一切重大问题都通过余秋里同志。"

余秋里对李富春同志也很尊重，他在 1965 年底的计委党组会上说："我在接触李富春同志中，感到他任劳任怨，识大局顾大体……他有长期的革命斗争实践，有丰富的实际工作经验……我国目前政治经济形势很好，与富春同志的努力是分不开的。"

1965 年 10 月 13 日，余秋里第一次主持的全国计划会议在北京召开。三年困难时期已远，国民经济景气回升，各地区各大单位摩拳擦掌，等着在这个会议上大卸几块肥肉。余秋里早就设置好了底线，在会议上亮出底牌：四个控制、两个保证、三个搞活。

四个控制是：基本建设投资 155.7 亿元一定要控制，工资总额的指标一定要控制，846 个大中型建设项目一定要控制，财政支出 510 亿元一定要控制；两个保证是：第一保证农业，第二保证市场；三个搞活是：把基层搞活，把部门搞活，把地方搞活。余秋里重点讲了"五个敢于"：敢于对党、对国家、对人民负责，敢于坚持原则，敢于实事求是，敢于暴露矛盾，敢于斗争。

会议结束后，余秋里的工作重点向毛泽东特别关注的三线建设转移。小计委在研究钢铁工业建设时，余秋里发现三线地区钢的产能为 300 万吨，而生铁生产能力仅为 150 万吨，他问不足的生铁怎么解决？有同志回答说只能从内地调。"这样不行！"余秋里说，"必须在三线增加铁的生产能力!"李人俊建议道:"贵州省有丰富的煤炭资源,生产的煤主要供应攀枝花钢铁基地,火车回来时形成空载。如果在贵州水城建设钢铁厂,就可以利用'钟摆运输',把贵州的煤运到攀枝花后,回来时把那里的铁矿石运到水城炼铁……""好得很嘛!"李人俊话还没说完,余秋里就拍板了,"这个办法可以试试!"

不管是战争年代还是大庆石油会战,余秋里都要亲临一线抵近指挥。这回,他先派国家计委负责钢铁工业计划的裴英武先到水城考察,自己和其他成员参加了邓小平在昆明主持召开的三线会议后,乘汽车沿着正在修建的贵昆铁路,一路调研鼓劲,披星戴月,风尘仆仆,辗转水城、重庆、西安。

余秋里天天都少不了座谈会。一个多月的时间,从成昆铁路到贵州矿区、四川农村,开了数十个大大小小的座谈会,对三线地区的工农业生产形势,暗暗对比交上去不久的"三五"计划,有了更清晰的蓝图。他发现,"三五"计划中的大部分指标,可以提前一至两年完成。1966年3月间,余秋里陪邓小平视察西北三线建设,对这个判断更加坚定了。他把这个想法向邓小平汇报,并举钢铁生产为例,"三五"期间每年增加200万吨,1970年可达2200万吨,比原计划1600万吨增加600万吨。钢铁是龙头老大,必然拉动其他工业产品计划指标大幅攀升。

"好嘛!"邓小平一听来劲了,"这是一个有干劲的

三线建设的宠儿：水城
发电厂

云贵川深处的三线
铁矿工业

计划！不是没有干劲的计划！"

余秋里回到北京，迫不及待地向周恩来汇报制定"三五"计划补充计划的设想，得到了周恩来的首肯和支持。

余秋里和他的战友们连续作战，很快拿出了一个《关于修改第三个五年计划草案的设想汇报提纲》，于1966年4月17日上报党中央、国务院。这个《提纲》从攀枝花、酒泉镜铁山的产能到成昆铁路可提前一年通车，石油、煤炭、机床、化肥、棉花、粮食等均将提前达标的现实，对"三五"期间的投资和计划作了适当的上调，将会迎来国民经济发展的一个新时期，颇为激动人心。

当年余秋里调查时走过的四川农村

成昆铁路——三线建设大动脉

余秋里将这个《提纲》小心地放在皮包里，不管到哪里都随身带着，他准备随时找机会向毛泽东同志汇报。

1966年7月中旬，农业机械化现场会在湖北召开，余秋里主持了会议。会议原计划7月末或8月初结束。可是，中共中央八届十一中全会于8月1日召开，8月7日，八届十一中全会印发了毛泽东的《炮打司令部——我的一张大字报》，18日毛泽东登上天安门城楼接见百万红卫兵小将，史无前例的"文化大革命"风暴转瞬席卷全国。

余秋里珍藏在皮包里的《关于修改第三个五年计划草案的设想汇报提纲》和国家计委向农业机械化会议提出的《关于农业机械化规划的几个问题》，凝聚了余秋里、林乎加等人的心血和汗水，此刻成了无言的泡影。

174

二十八、公交座谈会受林彪的严厉斥责

九重风云骤变，余秋里依然将全部身心扑在工作上。周恩来大有先见之明，担心党内开国元勋和战将们对这场突然降临的政治运动不理解，亲笔写了一封信给几位老帅、副总理和余秋里等人，派他的秘书周家鼎送给余秋里看。信的大意说：运动方兴未艾，欲罢不能，大势所趋，势不可挡，只能因势利导，发气无济于事。要十分注意言行，不要节外生枝，增加"文化大革命"的困难，不要叫人抓住把柄，造成被动……

"文革"中的余秋里，面对乱局只有苦笑

余秋里看到信上已经有几位老帅和副总理签名，就签上了自己的名字。周家鼎走后，余秋里想到这是周总理对自己呵护有加，仰天长叹了一口气，心里久久不能平静。

"8·18"之后，"大串连"开始了。各地学生见火车就上，蜂拥北京，北京学生又奔向外地，工业生产、交通运输一片混乱。铁路中断、工业生产停顿的告急电报，雪片一样飞向国务院。

9月初，由李富春建议，经毛泽东批准，中央决定由余秋里和谷牧协助周总理具体抓经济工作。这些日子，余秋里废寝忘食，不分昼夜地工作。各地由于受红卫兵冲击已处于无政府状态，余秋里多次召集冶金、一机、煤炭、电力、石油部等单位负责人开会，他咬着牙说："你们要狠狠地讲24小时生产不能中断！'文化大革命'要在业余时间搞，没有发动'文化大革命'的工厂，可以暂时推迟进行！力求把'文化大革命'对生产的影响减少到最低程度！"

当时的环境讲这种话，真是太不识时务了。红卫兵立即给他贴了大字报，说余秋里是"生产党"。

为了稳住生产局势，余秋里和谷牧商量，在即将召开的计划会议上，先务几天"虚"，为工矿企业如何开展"文化大革命"划些条条杠杠。

会议还在筹备，陈伯达将一份文稿递给余秋里和谷牧，说是他起草的关于工交系统如何进行"文化大革命"的设想，请他俩提提意见。余秋里翻开一看就傻眼了。陈伯达"提倡学生下厂向工人阶级学习"，迅速建立红卫兵组织等等，这不是要搞乱生产秩序吗？11月16日的计划会议上，经过与会代表充分讨论，余秋里、谷牧和林乎加、刘澜波、吕正操、吕东等一起，将陈伯达的"大作"进行了脱胎换骨的修改，定名为《工交企

北京工人体育场内
红卫兵将要召开批斗大会

业进行文化大革命的若干规定》(《工交十五条》)。

陈伯达看了修改后的文件大为不满,将余秋里和谷牧叫到办公室,一口含糊不清的闽南话愤愤地说:"你们有本事啊!把我的文章改得体无完肤了,有本事你们自己搞一个嘛!"

余秋里和谷牧通过周恩来和李富春,把这事向毛泽东作了汇报。令陈伯达没有想到的是,毛泽东完全站在了余秋里和谷牧一边,明确表示"8小时生产不能侵犯,工人只能在业余时间闹革命"。听了周恩来的传达,余秋里心里很高兴。

　　毛泽东批示，由林彪主持召开政治局常委会议，听取工交座谈会汇报。汇报会前，余秋里对林乎加动情地说："我们的《汇报提纲》可能会有人反对。但是，我们要对党、对人民负责，就是挨批、下地狱，也要把工交企业的情况如实地说清楚。"

　　汇报会于 12 月 4 日下午开始，谷牧主讲《汇报提

"文革"期间，周恩来接见"铁人"王进喜

纲》。汇报一结束，中央文革小组几员主将对汇报内容开始炮轰。张春桥说这个汇报代表了一部分走资派的情绪，康生则说"现在的工厂是没有资产阶级的资产阶级工厂"，陈伯达指着余秋里和谷牧声严色厉地说："我是计委副主任，小计委成员，你们搞这个《汇报提纲》为什么不同我商量？你们是突然袭击……"

周恩来很严肃地说："这个提纲是我要他们开夜车搞的，来不及征求意见。"看周恩来明显站在余秋里和谷牧一边，张春桥等只好不做声。

主持会议的林彪观点鲜明："这次工交座谈会开得不好，是错误的，思想很不对头……《汇报提纲》那三个特点的头两点要彻底打破，如果不打破就无所谓工交战线上的文化大革命……"余秋里坚持原来的观点，分辩道："林副主席，工交部门与文教部门不同，工交部门问题少……"林彪脸色突变，狠狠地说："工交部门的问题不比文教部门少，而且比文教部门多！非要发动群众大批判一下不可！"他指着余秋里教训道："你要来个180度的大转弯！放下臭架子，到群众中去老老实实承认错误。"

整个会议室鸦雀无声。余秋里看着林副统帅，一句话也不说了。

二十九、二月抗争显忠诚

1966 年 12 月 26 日，《人民日报》发表了《迎接工矿企业文化大革命的高潮》的社论，开篇就说："千百万工人群众起来进行'文化大革命'，是大势所趋，好得很……党内一小撮走资本主义道路的当权派，极少数顽固地坚持资产阶级反动路线的人，他们口口声声也讲抓生产，其实，他们是借口抓生产来压革命……"余秋里读着，感觉每个字都是冲自己射来的利箭。

当年主持小计委工作上任伊始，余秋里在心里发过狠话："我就不信国民经济搞不上去！"可眼下的局面，国民经济能搞上去吗？

1967 年 1 月 8 日，在张春桥、姚文元策划下，王洪文夺了上海市委的权；1 月 11 日，中共中央、国务院、中央军委、中央文革小组联名发去贺电，成为全国夺权的滥觞。

全国夺权，天下都乱。大庆油田停产闹革命，一部部钻机停钻封井，各级领导被揪斗，"铁人"王进喜被抓起来严刑拷打，说他是保皇派……一次国务院会议上，余秋里讲着讲着，竟忍不住潸然泪下。

2月16日，周恩来在中南海怀仁堂主持召开碰头会，讨论抓革命促生产问题。参加会议的有李富春、陈毅、徐向前、叶剑英、谭震林、李先念、余秋里、谷牧，还有中央文革小组成员陈伯达、康生、张春桥、姚文元、王力。

会上，谭震林、陈毅、李富春等就中央文革小组支持红卫兵迫害老干部、破坏生产、冲击军队的问题，对中央文革小组进行了严厉的批评和指责。这种光明磊落、义正词严的氛围深深地感染了余秋里，他实在忍不住了，恼火地说："现在就是有些人借'文化大革命'来整老干部！你们文革小组可以看看么，全国打死

中南海怀仁堂——所谓"二月逆流"的发生地

181

"文革"中的周恩来

多少、打残多少？被关起来多少？被逼得自杀的多少？"
他越说越来气，满掌拍打着桌子吼将起来，"我对计委
的造反派讲了，你们这样对待老干部，你们不检讨，我
就不检讨！连你们的会，也不参加！"

怀仁堂会议不欢而散。第二天上午，康生等约江青
来到毛泽东的住处，将怀仁堂老帅的抗争、包括余秋里

的"猖狂"，一五一十地向毛泽东汇报。

2月18日晚，毛泽东亲自主持政治局会议，对参与怀仁堂抗争的老帅和余秋里等的激烈言论进行了批评并讲了自己的一些看法。

余秋里听到传达后，心里百感交集，说不出话。他知道对错，只是无奈。他只有一个信念：我对党、对党的事业是忠诚的，我对主席是热爱的，是坚决拥护的，主席总有一天会了解我的！

老帅们大闹怀仁堂，实际上迸发出的是党和国家最高层人物的良心、良知的光芒。当然，老帅们和余秋里为此付出了惨重的代价。

3月中旬的一个星期天，陈伯达来到国家计委看大字报，造反派们发现了他，问："我们要打倒余秋里，有人反对，怎么办？""那你们就打倒我陈伯达嘛！"陈伯达丢下这句话，转身离去。

3月28日，毛泽东将大闹怀仁堂定性为"反革命复辟"，余秋里在劫难逃了。国家计委大院、北京主要街道贴满了"打倒二月逆流黑干将余秋里"的大幅标语，一辆辆宣传车滚滚而过，高音喇叭打倒的口号响彻云霄。

北京石油学院、北京师范大学、石油部、国家计委等红卫兵组织召开"彻底粉碎余秋里资本主义复辟逆流誓师大会"，正式宣布成立"首都无产阶级革命派批判余秋里联络站"。

周恩来很关心余秋里的安危，每次红卫兵批斗余秋里，都派总理联络员跟随，并让联络员预先跟红卫兵约法三章：只能批两个钟头，到时间放人；不能搞体罚；不能把人抢走。

7月3日，余秋里已是多次被押上批斗台。造反派们历数了他"反对文化大革命"的滔天罪行，厉声喝问他："是不是执行资产阶级反动路线的黑干将？"对这个问过无数次的愚蠢问题，余秋里实在忍无可忍了，万籁无声之中，他猛地昂起头，冲着苍天大叫一声："我是执行毛主席革命路线的红干将！"

余秋里这一吼，让造反派们大为震怒，他们将余秋里的头往地面摁，将他那条仅存的右臂反转过来，向后高高扬起……

大概基于大庆石油会战那段非凡历史吧，毛泽东也不同意打倒余秋里，总是通过周恩来一次次向红卫兵传达他的"最高指示"："余秋里要保"。

1968年6月4日，毛泽东接见沈阳、南京部队读书班的同志，余秋里也在陪同之中。陈伯达负责组织新闻稿，将余秋里之名省略。毛泽东审阅时问陈伯达："还有余秋里嘛！"陈伯达无奈，只得将毛泽东原话"还有余秋里"转抄新闻稿上。以后，凡报道党和国家领导人名单，余秋里必为最末一名，且冠"还有"两字。这一奇特冠名方式一直延续至中共九大的召开。

在文化领域里实行强大的无产阶级专政

解放军报

伟大统帅毛主席和他亲密战友林副主席
接见南京沈阳地区部队干部学习班同志

各省、市、自治区革命委员会、十大军区、部队的负责同志刘格平、张日清、陈先瑞、黄作珍、吴忠、杨俊生、曾绍山、毛远新、曾思玉、刘丰、韦国清、魏佑铸、焦红光、韩先楚、谭甫仁、陈康、王恩茂、赛福鼎、郭鹏、任荣、陈明义。还有余秋里等同志。

在这最光荣的接见时刻，这些在毛泽东思想

奕奕，健
战斗岁月
人民不断
见会场主
切招手，
军的负责

他们高
从毛主席，
样，无限忠
文化大革命
全面胜利万
利万岁！"
岁！""战无

他们表
大红旗，活
大战略部署
取无产阶级
为人民立新

接见结
之中，一
岁！"高唱
无疆》。

1968 年 6 月 4 日的
《解放军报》

185

三十、辅弼周总理支撑国民经济危局

"文革"开始前的李富春（右）和谷牧同志

1967年4月6日，周恩来在接见计、经、建委红卫兵时，针对红卫兵一定要打倒余秋里的"请战书"，几分伤感地说，经济战线上现在抓工作的，连我只有5个人，另4个是李富春、李先念、余秋里和谷牧。李富春身体不好，谷牧也不能坚持工作了，只剩下李先念和余秋里。

在那些日子里，余秋里连续工作几个通宵是家常便饭。

1968年12月初，全国计划会议由军代表负责人主持召开，本来是讨论计划问题的，却开成了大批判会，直到 12 月 25 日晚会议结束，也没有一个计划出来。周恩来接见会议代表，将余秋里拉来了，本意是想通过接见把计划的盘子大体定下来。可代表们全从自身利益出发，对调出的物资要减，调入的物资要增，争吵到 26 日凌晨也没有一个结果。

周恩来实在没有办法了，说现在是 12 月 26 日了，是伟大领袖毛主席的生日，我指挥大家唱个《大海航行靠舵手》，然后请大家吃碗寿面。今天大家赶回去抓革命促生产，好不好？在场的都回答说"好"，全国计划会议就这样草草收场了。

散会后余秋里回到家里，已是凌晨两点多。刚进家门，电话铃响了。是周恩来亲自打来的，让余秋里立即到他那里去。余秋里赶到总理办公室，已是凌晨 3 点多。周恩来对余秋里说，今年只有 5 天了，明年的计划还没有搞出来，怎么行呢？

余秋里说，我找几个人先搞一个明年第一季度的计划吧。周恩来连连点头，盯着余秋里说："好！你赶快回去搞吧。"

一天两夜连轴转，1969 年第一季度计划方案呈到了周恩来的案头，周恩来展开报告一目十行，舒心地笑了。

在制定 1969 年国民经济纲要时，余秋里发现各地因大量制作毛主席像章，铝材需求量大增。物资部负责人大笔一批就是 5000 吨，于是造成铝的生产供应出现巨大空缺。余秋里将这一颇为棘手的问题向周恩来报告，周恩来批示要立即收回批出去的铝材指标。可物资部门的造反派头头拒不执行，余秋里气得无可奈何，毛泽东看了报告后批下四个大字："还我飞机"，物资部才连夜发文，将这批铝材收了回来。

包头钢铁厂要求暂停生产，理由是铁路运输阻塞。周恩来将这个报告批给李先念、余秋里等，说"包钢把不出钢铁的主要原因推之于铁路运输，请你们查实。"周恩来旋即决定，在国务院成立铁路建设支援小组，余秋里任组长，袁宝华任副组长兼办公室主任。

"文革"时期大量的
铝制毛主席像章

余秋里和袁宝华将保证三线铁路建设的物资供应放在第一位，前方需要什么就即刻解决什么，及时保证了铁路建设对钢铁、水泥、机电设备器材及施工机具等物资的需要，加快了成昆、焦枝、阳安、襄渝四条铁路干线的建设。

在舒缓铁路运输紧张的情况下，为了把增产的原油从大庆运出来，余秋里与李先念商议后，报周恩来批准，决定修建长距离输油管线。周恩来对这个设想很赞同，和李先念、余秋里研究后，决定修建大庆至铁岭、铁岭至大连、铁岭至秦皇岛、秦皇岛至北京等长距离输油管线，并立马开工建设。

为了确保工程不受干扰，国务院决定在沈阳军区和燃化部共同领导下，由沈阳军区副司令员肖全夫任建设指挥部指挥，张文彬等任副指挥。这一系列管线于1973年到1975年相继建成。

余秋里宵衣旰食，事无巨细，辅弼周恩来、李先念，以国民经济的稳定，小心翼翼地支撑着国家经济建设事业向前推进。

一次，首钢一台发电机组突然停产。余秋里得报，当即来到首钢召集负责人开会。可这些忙于权力窝斗的人，谁都说不出停产的根本原因，把责任推到"阶级敌人"身上。余秋里第二天再进首钢，以他的老作风一竿子插到班组，从一个老工人那里听到真话：是老鼠钻进了配电盘，造成短路烧了机器，根本不是"阶级敌人"破坏。

余秋里借题发挥，大讲了一通生产岗位责任制的重要。

三十一、顶着极左思潮开展对外出口和技术引进

20世纪70年代初，余秋里陪同李先念接见外宾

1971年10月，新中国获得联合国合法席位。1972年2月，尼克松访华，中美关系解冻开始正常化；9月，日本首相田中角荣访华，两国正式建交。

中国打开国门走向世界，已是不可阻挡的潮流。
1972 年 10 月，广交会外商云集，盛况大出意料。多少
年积压在仓库的乐器和运动器材被扫荡一空，矿泉水、
啤酒、中药材、水产品、手工艺品、针织品等更是供不
应求。周恩来大喜过望，指示："请先念、登奎、秋里
同志抓一抓货源不足……"

10 月 24 日，李先念和余秋里召集有关部门负责同
志开会，贯彻落实周恩来的指示，备战来年的广州春交
会。在这个会议上，余秋里作了长篇讲话。

余秋里说，对无关国计民生的产品，如海蜇皮、板
栗等，想方设法组织货源扩大出口；对未参加交易会
的，如臭豆腐、六必居咸菜等，能出口的土特产全出
口；手工艺品多有艺术价值，有的是无价之宝，比如李
可染的牛，肯定比活牛要贵多少倍，不可贱卖。

"现在生产的工艺品只写某厂生产，集体创作。我
再三讲，这样卖不出好价钱！要写上某某名师制作。这
些东西出口，不是卖的石头、木头，卖的是艺术……家
具要做西式的、古式的，这不是搞'四旧'，是为了价
钱卖得高一些……"

余秋里最后讲道："有些同志要求我们出口商品价
格稳定不变，并说这样才体现社会主义制度的优越性，
这是一种糊涂观念。不能把国内稳定物价的政策，搬到
国际市场上去。国际市场是根据商品的供求来定价的，
我们出口商品也应该按照国际市场的供求来定价，这里
面大有文章可做……"

余秋里和秘鲁计划
委员会副主席亲切交谈

这番生意经言论，当时犯了诸多忌讳，突破了许多框框，现在细细读来，其实是计划经济与市场经济接轨的探索和宣言。

引进外国先进技术和设备，当时被批为"洋奴哲学"。在周总理的支持下，余秋里不管这些，召集有关部门反复研究论证，编制了一个动用43亿美元进口外

20世纪70年代引进的武钢1.70米轧机设备，全部自动化操作

国先进技术设备的方案，即"四三方案"。

余秋里在和"老外"打交道中，深感自己经济落后的核心原因是技术落后。技术改造的最先成果用在哪？当时一般用在国防上。但余秋里最先想到的是提高和改善人民的生活。基于这个理念，余秋里将这43亿美元引进的先进技术设备划分成三块：首先是"吃"——提高粮食产量：进口13套化肥先进设备，生产一斤化肥可增产8斤粮食；其次是"穿"——进口4套大乙烯化纤设备；再次是"用"——1套烷基苯厂，43套综合采煤机组，3个大电站，武钢的1.70米轧机，以及透平压缩机、燃气轮机、工业汽轮机的制造技术等。

43亿美元引进的先进技术设备，将中国普通老百姓的日常生活，不声不响地与外部世界衔接起来。

1978年，余秋里再次顶着"洋冒进"的指责动用百万美元，从西方发达国家大规模引进先进技术、设备，填补了我国包括宝钢在内的冶金、石化、煤炭、电力等一些主要产业的空白，缩短了与国际先进水平的差距，对增强国家综合实力起到了重要作用。同时，也打破了西方国家多年来对我国封锁、禁运的局面。

三十二、到底是谁在抹黑中国

1972 年初，援外汽车和广州春交会相继出现了严重的质量问题，被西方媒体诟病，炒作得沸沸扬扬。国内知道的人不多，但周恩来着急了："现在我们出口数量不大，质量这么差，怎么向国家交待？怎么向人民交待？"他责成李先念和余秋里主持国务院业务组会议，重点检讨工业、交通、基建、商业等部门的质量问题。

余秋里早就知道，这些部门存在质量问题。之前他组织对机械制造 1482 个企业的 8737 种产品进行检查，合格率仅占 45%；煤炭的含矸量之高，一年等于有 2 万个车皮拉的是石头；群众发的 17 尺布票，由于纺织品缩水厉害，只能当 15 尺用……余秋里正想狠狠抓一把质量问题，正好有了周恩来发给的尚方宝剑。

李先念和余秋里狠狠抓了质量问题。他们主持召开国务院业务组会议，和工业、交通、基建、商业以及国防工办的领导同志，开始了质量检讨。"生产无计划，操作无规程，质量无检验，成本无核算，安全无检查，设备无检修……"余秋里讲话时历数一个个"无"，个

动乱年代坚持的经济
杰作：长江葛洲坝水利
枢纽工程

余秋里坚持以民生为
重的三线建设项目之一：
刘家峡水电站

个切中要害。

4 月 28 日和 5 月 19 日的援外会议上，余秋里还是抓住质量问题不撒手，硬是要一项一项落到实处。他要求从管理机构、技术培养、产品工艺、生产纪律、检验制度、工具管理、科学实验、技术责任等八个方面，严把质量关，以"岗位责任制"的条条杠杠，将"问题产品"堵在源头。

余秋里最后严厉地说："我们要勇于揭露产品质量问题，要和不重视产品质量的思想行为，作坚决的斗争！"1972 年，时兴的是"宁要社会主义的草，不要资本主义的苗"，马上就有一些部门负责人提出不同意见。他们认为质量问题不是路线问题，说路线斗争太言重了。而且，揭露质量不好，是给"文化大革命"的大好形势抹黑。

"文革"批极左整顿经济秩序中雄心勃勃的余秋里

余秋里气得身子都颤抖起来，说："你说颠倒了，应该颠倒过来！不讲产品质量，对质量下降听之任之，才是给'文化大革命'抹黑！"他稳稳神，往下说，"我记得尼克松访华期间，为他举行的 40 分钟羽毛球表演赛中，竟然打破了 16 支球拍。羽毛球卡在断了线的球拍上，被西方记者摄入镜头，向全世界转播。你说说，这是不是抹黑？真是岂有此理！"

三十三、抱病参加修改《工业二十条》

　　1975 年 1 月，在四届人大一次会议上，余秋里被任命为国务院副总理兼国家计委主任。邓小平复出，主持了国务院工作。

　　贺龙的平反和邓小平的复出，让余秋里心里好一阵欢喜。他感觉到了一种光明美好的兆头。可就在这时，一场无妄之灾从天而降。这一年春节期间，反映大庆石油会战的电影《创业》爆棚，不几天突然停映，文化部对《创业》有 10 条意见。

　　10 条意见中最主要的一条，是"较明显地存在着写活着的真人真事问题"。剧中主人公王进喜已于 1970 年去世，活着的真人真事只有余秋里了。江青放出话来："当年这'两论'是谁叫送的，是刘少奇！把这个情节搬上银幕，是美化刘少奇！当年主持油田会战的总指挥是谁？是余秋里、康世恩，全是走资派！这不是明目张胆地为刘少奇涂脂抹粉，替执行修正主义路线的老家伙评功摆好吗？"江青提出，"要查一查背景，不论涉及到任何人和事，都没有关系。"

《创业》剧照：王进喜指挥人拉肩扛抢运会战设备

"文革"期间，余秋里在车间视察时，和工人探讨技术问题

余秋里处之泰然。这部电影的拍摄他一无所知。早在大庆石油会战决胜凯旋之际，贺龙将余秋里叫到他的寓所，有"树大招风"的耳提面命。贺老总的教诲余秋里谨记在怀，不敢有半丝大意。

这部电影封镜之后，主创人员找过余秋里，希望余秋里接见一下，余秋里硬是没给面子，让主创人员白等半天扫兴而去。那时他身边的同志很不理解，余秋里说："这种歌功颂德的事，和我没有关系。"

自从进入"文化大革命"以来，余秋里殚精竭虑，为国民经济发展奔波不停，未曾有过歇息。是身体太累还是心太累？余秋里感到特别疲惫，有些力不胜支了。到医院一查，他的心脏真的出了问题。他不得不放下工作，住进北京医院。

10 月，全国计划会议在北京召开。余秋里抱病参加起草邓小平关于整顿的重要文件《关于加快工业发展的若干问题》（《工业二十条》）。为了让《工业二十条》过关，余秋里狠动了脑筋，他把胡乔木同志请到前门饭店，请乔木同志在文字上把关。胡乔木在每一条的前面，都加了一段毛主席语录，并用黑体字浓墨标出，可见用心良苦。

但 11 月中旬，"反击右倾翻案风"开始，1975 年的所有工作都是"右倾翻案"，《工业二十条》被诬蔑成了邓小平炮制的"三株大毒草"之一。余秋里的心脏病本来没有好，政治炎凉更加重了他的病痛。医生建议他到外地静下心来休息一段时间。余秋里遵照医嘱，给邓

来势汹涌的"反击右倾翻案风"运动

小平、李先念副总理写了一封信，得到批准后离开北京，前往广州休息。

1976 年 1 月 7 日，余秋里接到王震打来的电话，声音沉重地说："老人家病重，你赶快回来见老人家一面。"余秋里一听就明白：周总理病危了。他于 1 月 8 日从广州匆匆乘机返回北京，准备从机场直接去医院看望周总理。可下飞机时，得知总理已于当天上午与世长辞。

1 月 10 日，余秋里来向周总理遗体告别。他想到数十年来周恩来对自己的关爱和教育，特别是"文化大革命"中对自己的一次次呵护，如果不是总理，自己早不知道是个什么下场了……他再也忍不住泪水，失声嚎啕……

随着邓小平再次被打倒和朱德、毛泽东的逝世，余秋里对党和国家的前途命运可谓忧心如焚，他决定不再离开北京。

9月的一天，国务院召开会议讨论国民经济计划。计委的同志讲到工业生产下降和交通运输不畅时，主持会议的国务院副总理张春桥极为不满，指责计委"对大好形势估计不够"。余秋里听了计委同志的汇报，怒不可遏地骂道："他们到处挑起事端，制造混乱，把国家糟蹋得不成样子，还要说形势大好，真是丧尽了天良！"

余秋里在胸中压抑了许久的怒火，第一次公开爆发，毫无遮拦地怒形于色。

1976年10月7日上午，李先念给余秋里打来电话，

余秋里在和周恩来
遗体告别时失声痛哭

通知他当天下午到玉泉山去开会。会上，叶剑英通报了粉碎"四人帮"的情况。余秋里听着长舒了一口气，顿时五腑清畅，全身都轻松了许多。坐在身边的李先念笑眯眯地问："秋里，你的病好了吗？"

余秋里不假思索地回答，每个字落地铿锵："我的病好了！今天就上班！"

面对阴霾散尽的明媚天空，余秋里想起了邓小平。邓小平那时因病住进了解放军总医院，对外严格保密。余秋里转弯抹角搞到了邓小平的准确住处，直奔 301 医院南楼五层。守在楼口的卫兵不让进，他大声嚷嚷起来："谁说不让看！我就是来看的！"

三十四、派出改革开放最早的侦察班

　　1977 年 3 月，时隔 13 年之后，余秋里回到大庆看望他的战友们了。回到当年战场，看到"文化大革命"的干扰和影响，他的心情很沉重，他鼓励大庆油田的干部和广大工人，尽快发展生产，为国民经济的发展提供

余秋里与李先念、李德生、王恩茂在大庆油田

回看当年战场，看到"文革"的干扰影响，余秋里满眼沉重

余秋里在大庆的日子里

画传

充足的能量。

粉碎"四人帮"后，余秋里和国家计委的干部，面对艰难运转的国民经济和人民的困苦生活，思考如何更快地发展经济，改善人民的生活，研究加快经济发展的方法和路径。

1977年11月，全国计划会议在北京召开。24日，余秋里在会议上讲话，他说："在独立自主、自力更生的前提下，要努力学习国外的先进经验，引进国外的先进技术。……利用国际上的有利时机，运用更加灵活的方式，把我国急需的国外先进技术拿到手。"

面对当时经济高速发展的亚洲"四小龙"，余秋里经常向身边的同志提问，他们是怎么发展起来的，对我们有什么借鉴意义？有人建议，香港中资企业不少，工作起来比较方便，是否可派人去香港做些实地考察。

1978年4月，国务院决定派出由国家计委副主任段云为团长的考察团考察港澳，进行了为期20多天的实地调研。有人形容这次考察时说："这是中国改革开放前夕，对资本主义阵地做的具有探索性的最早侦察。"

"侦察班"回国后，写出《港澳经济考察报告》，经余秋里签发，以国家计委名义上报国务院。报告介绍了港澳经济发展的状况和经验，提出建议：利用港澳大力发展对外加工装配业务，可以大搞来料加工，自己进口原料，加工成品出口。

中央和国务院领导同意了计委的建议，要求"说干

余秋里在全国财贸会议上讲话，详细阐述"三来一补"的战略战术

就干，把它办起来"。余秋里立即将中央首肯的意见传达到全国各地，并在 1978 年 7 月的全国财贸会议上大声疾呼："不要把自己的手脚束缚住，胆子大一些，思想开阔一些，调动国内外一切积极因素，理直气壮地发展我国的对外贸易。"

在会上，余秋里把这种经济发展方式总结为"三来一补"，并作了具体说明。来料加工：使用国外厂商提供的原料和必要的设备，按照对方的要求进行加工，产品交给对方去销售。来样加工：按照国外厂商要求样式，用国内原材料或者进口原材料进行加工，向对方出口。这是以销定产，按照国外市场的需要组织生产的一

1977 年 12 月，余秋里参观山东潍坊地区制造的农业机械展览

种形式。装配业务，也就是来件装配：由国外厂商提供装配生产线和零部件（我们也可以提供部分设备和零部件）在国内进行装配，产品归他们销售。补偿贸易：为了生产出口商品，技术设备不足的，可以引进，所需外汇，用产品归还。

会后，国务院下发了《开展对外加工装配业务试行办法》，国家计委专门成立了对外加工装配办公室负责落实督促这项工作。

从 1978 年 7 月至 1979 年 3 月，上海、北京、天津、广东、浙江、江苏、山东、广西等 8 个沿海省、市、自治区就同外商签订加工装配合同 1048 项、补偿贸易合同 60 项，1979 年净收外汇 1.67 亿美元。这个数字看来不大，但如果在外贸出口中净收入 1 亿多美元，至少要出口四五亿美元的商品。

1978 年党的十一届三中全会以后，"三来一补"更加广泛深入地开展起来。沿海省、市、自治区的"三来一补"加工业平地而起，如满园春色，万紫千红，成为日后改革开放的先遣队和前奏曲。许许多多利用外资的小作坊、小企业通过原始积累，发展成后来占领欧美市场的"巨无霸"，创造了"中国工厂"覆盖全球的现代神话。

三十五、一定要稳住 1 亿吨的石油产量

"渤海 2 号" 钻井船

1978 年，余秋里当选为中共第十一届中央政治局委员，负责国家的计划与能源工作。这一年，我国原油产量突破了 1 亿吨，1979 年达到 1.6 亿吨。1 个亿的破纪录是标志性的跨越，很是鼓舞人心。随着海上油气田勘探步伐加快和新设备、新技术的源源引进，原定 2.5 亿的目标，也未必真的是空中楼阁、高不可攀。

就在这时，灾难发生了：1979 年 11 月 25 日，石油部海洋勘探局"渤海 2 号"钻井船在拖航移位过程中，突遇 10 级大风，经不住滔天骇浪的袭击而翻沉，船上 72 名员工不幸葬身海底。

中央书记处和国务院联席会议讨论后作出决定：事故是"石油部领导不按客观规律办事，不尊重科学，不重视安全生产，不重视职工意见和历史教训造成的。石油部领导对此负有不可推诿的重大责任。国务院领导对这一严重事故处置不当，也是重要的失职……决定解除宋振明石油部部长的职务，主管石油工业的副总理康世恩……给予记大过处分。"而在抗日战争、解放战争枪林弹雨中走过来的"石油师"老战士、海洋石油勘探局局长马骥祥，以"责任"罪被捕下狱。

这是中国石油发展的第一个重大挫折。当时中国特色的政治生态和刚刚开放的舆论自由传播，无形中加大了"渤海 2 号"沉船事故的次生灾害效应。石油系统笼罩在阴霾之中，士气、人气，一落千丈。

中央书记处和国务院联席会议决定，石油部要召开厂矿领导干部会议，传达学习中央、国务院的决定，并指定余秋里到会讲话。石油系统有过多少次厂矿领导会议啊！战前誓师会、临机运筹会、总结表彰会……独有这个会议是如此难堪和尴尬。

余秋里的讲话，沉痛中带着信心与坚定。他说："这次事故造成这么多同志牺牲，我的心情是很沉重的……我作为国务院的一个成员，作为石油部过去的领导人，也是负有责任的。"他希望大家"要正确对待批评"、"要勇于正视错误"、"要充分发扬民主"、"要振起革命精神，奋发图强，埋头苦干，兢兢业业，把今后的工作做得更好"！他突然离开讲稿，向全场吼问："你们有没有信心？"

就像当年萨尔图草原上的誓师大会一样，余秋里举起拳头，以他饱满的战斗激情，将与会者心头的怨气、颓丧、愤恼……击得粉碎。

"有——"全场爆发出雷霆般的回声。

余秋里点点头，脸上漾起久违的笑容，像春天的阳光一样灿烂……

余秋里一直最担心的是，石油系统的干部职工从消极面接受"渤海2号"事故的教训，怕担风险，谨小慎微，乃至斗志减退，不求进取。果然，1980年原油产量滑到了1亿吨以下。石油部在编制1981年计划时，提出石油产量要减少二三千万吨。

1亿吨是必须死守的"三八线"！余秋里记得，1969年的夏天，周恩来将一份反映北方7省煤炭产量下降情况的简报批给李先念和余秋里，指出要抓这7个

余秋里在辽河油田调研，为确保1亿吨原油产量集思广益

省的松劲现象，要"敲警钟"。周恩来还问余秋里："大庆油田生产情况怎么样？还能不能再多生产一些原油？"余秋里说："在大庆油田开发初期，为了实现长期稳定高产，我们只开发了萨尔图油田，把喇嘛甸子、杏树岗两个油田作为'大仓库'留了下来，一直没有开发。如果这两个油田投入开发，大庆油田的产量可以大幅度增加。"周恩来当即拍板："在煤炭产量大幅度下降的情况下，为了使北京、上海、辽宁等重点地区和一些重点企业的生产得以维持，只有烧油这一条路了。"

能源是国民经济正常运转的动力之源，能源的下滑必然引起国民经济的全面下滑。余秋里探望因病住院的康世恩，两人的共识是："必须稳住 1 亿吨的石油产量。"

余秋里多次找石油部的同志开会或个别交心谈心，到胜利油田实地考察。他反复强调："石油年产量如果减少二三千万吨，国家计划中的有些指标就得调整，出口 1000 万吨原油的计划也得修改，整个国民经济计划就得重新安排，这个问题就大了！"

有人给中央打小报告，说余秋里要死守 1 个亿，"是继续搞'左'的一套"。

那会儿确有人借"渤海 2 号"事故攻击余秋里的"左"。余秋里付之一笑："这年头还在用什么'左'或右的帽子来压人，真他娘的是黔驴技穷了！"

1981 年元月 23 日，余秋里出席石油部油田开发调整工作会议。他作了长篇讲话，核心思想是"一定要稳住 1 亿吨的石油产量"。他说："能源增长的快慢，在很

余秋里非常坦然，心底
无私天地宽

大程度上决定着整个国民经济的发展速度。如果石油减少 3000 万吨，必将对整个国民经济产生严重的影响。"为了调动各方面的积极性，康世恩建议对石油产量实行包干的办法，超产的部分允许石油部出口，换回的资金用于资源勘探、油田整顿和技术改造。余秋里表示完全同意。

1981 年 4 月，余秋里组织几个部门联合向国务院打报告。这个报告得到了中央领导同志的交口称赞。国务院领导批复：在此基础上包三年。在这以后，石油产量一直稳定在 1 亿吨的水平上，并略有增长。

1981 年，在第五届人大代表提案的呼吁下，沉船被打捞上岸，基本查清了翻沉的真实情况：经科学鉴定，确认不是石油部的责任事故，而是该船体在设计上存在严重缺陷。

1982 年 6 月 15 日，国务院发出《通知》指出："鉴于近两年康世恩同志在石油工业部的工作卓有成效，国务院决定撤销对康世恩同志记大过的处分。"

三十六、破天荒的决策——我国石油的中外合作勘探开发

余秋里出席党的十一届三中全会并参加投票选举

1980 年 2 月，中共中央第十一届五中全会决定重新设立中央书记处，余秋里被选为中央书记处书记。3 月 18 日，中共中央副主席、国务院副总理邓小平约余秋里谈话，说中央政治局常委会议研究成立国家能源委员会，由你任主任。煤炭部、石油部、电力部都归能源委员会领导。能源委员会的任务是研究提出方针政策，搞长远规划，把生产建设、产供销、进出口统一抓起来。邓小平强调，它不是一个协调、务虚的清谈会所，而是一个讲究实际效率的职能机构。

余秋里搭好班子，新中国新时代的一个新生命刚刚降生，余秋里便应日本政府和日中经济协会邀请，率团于4月2日至16日访问日本。日本正是樱花盛开的花季。余秋里没那份游赏五湖烟景的心情，以他的传统作风，一竿子插到工厂企业。

新日本制铁公司、丰田汽车工业公司、松下电器产业公司……十几家工商企业，余秋里眼观六路、耳听八方、品鉴比证、穷经探微。他瞅一眼

余秋里在日本考察企业

挂在墙上镜框里夹杂着许多汉字的规章制度，发现与大庆的"岗位责任制"双胞胎似地差别不多。

白天参观、会谈，了解日本能源政策、引进新技术和人才培养的经验，晚上和团员们交流观感，升华共识，写出"真经"。

差距确实很大。仅能源消耗一项，就让余秋里和团员们坐不住了：炼一吨钢，我们的标准煤耗为1.6吨，他们为0.77吨，一年多耗煤2580万吨；供一度电，我们的标准煤耗为453克，他们为334克，一年多耗煤

余秋里拜会日本政要 |

余秋里在撰写访日心得 |

国家能源委员会主任余秋里在视察看望能源将士

2750多万吨；生产一吨合成氨，我们的标准煤耗为2.7吨，他们才1.2吨，一年多耗煤2000万吨。以上三项合计，我国去年一年就多耗煤7000多万吨，占全国煤炭总产量13%还多！

从日本回来，余秋里从能源问题、教育培养人才、新技术的引进和研究、企业之间的竞争等，就如何吸取日本的成功经验、制定节能有效措施、强化企业竞争机制等内容，写了一份《访日汇报要点》，上报中共中央、国务院，并成为第六个五年计划（1981—1985）能源部分的战略思考。

1981年7月23日至24日整整两天，胡耀邦主持召开书记处会议，听取能源委员会关于修改"六五"计划的汇报。

在向中央书记处汇报后，余秋里在能源委员会的一

余秋里在德国考察，聆听诺贝尔奖获得者、著名物理学家丁肇中教授的科研成果介绍

次会议上说："在一年的时间里，中央财经领导小组和中央书记处分别听取了我们的汇报，说明了党中央、国务院对能源工作的重视。中央领导在两次汇报会上的指示，确定了能源工业的方针政策和远景规划，解决了一些亟待解决的问题，必将有力地促进能源工业的发展。"

1980 年 5 月，中国石油公司与日本的石油公司通过双边谈判，签订了在渤海海域共同进行石油勘探的合同。这个消息一公布，国内外舆论哗然，有人给中央写信，说这是个"丧权辱国"的"卖国行为"。海外有的中文报纸也发表文章，对中日合作勘探提出非议，言辞尖刻，不堪卒读。胡耀邦分两次将国内的信件和海外的报章批给余秋里，指示"组织人精细考虑和研究"，"如有必要，请将情况和看法告常委和书记处同志一下"。

余秋里和康世恩、杨波等组织 60 多名学者、专家、教授，从海上石油勘探的特点、我国的实际能力、平等互利合作原则等各个角度进行论证，最后得出结论：中日共同开发绝不是什么"卖国行为"。

论证的主要论点有：

一、海上石油勘探开发具有投资高、建设周期长、技术复杂、风险大的特点，世界上大多数国家都是采取与外国合作的方法，勘探开发海上石油。

二、1978 年 3 月，中央和国务院决定，石油部可以采取平等互利的贸易方式，直接和外国一些石油公司建立商务关系，开展对外合作。开发海上石油，我们一缺资金，二缺技术，三无经验，中央利用外国资金和技术、加速勘探开发海上石油的方针是正确的。

余秋里在意大利考察，对世界一切最新科学文明成果都在心底由衷地惊叹

1982 年 1 月 28 日，中央书记处确定由余秋里负责煤炭、石油、化工、冶金、铁道、交通、邮电和民航总局八大部门的干部精简整编配备，这是一场硬仗，余秋里殚精竭虑，用心良苦。这是他在作精简报告

余秋里在为经济领域最后一场战役画一个圆满的句号

三、海外报纸说中国吃亏了，这是把合同的主要数据搞错了。其实日方只有4.8%的报酬油，其余37.2%的石油，是中方按当时的价格卖给日方的。

胡耀邦看了余秋里以论证会的结论写给中央政治局常委的信，慨然批示道："看来，能委已做了大量的有成效的工作。"5月4日，陈云的秘书王玉清给余秋里写信说："陈云同志同意你的意见，即和日本合作的石油勘探对我们是有利的。"

通过论证会，余秋里感到，邀集一些专家就一些重大决策进行论证，确实是一种很好的方法。他因此受到启发，决定成立一个由50名专家组成的能源顾问团，就能源方面的一些重大问题向国家能源委提出建议，以便集思广益，使工作和计划指标更加符合实际。

中国海洋石油与外国资本进行深度合作，是中国对外开放政策的重大突破，被称为中国对外开放的第一重要决策，它擂响了中国对外开放的战鼓并影响了之后的中国30年经济发展史及大国地位的确立。

三十七、开展军民共建精神文明

余秋里和总政机关
干部亲切交流

1982年9月，在党的十二大上，余秋里继续当选为中央委员，后又任中央政治局委员、书记处书记。会议结束后，中央决定让他担任中国人民解放军总政治部主任。离开军营已整整24年的余秋里，重新穿上军装，深感责任重大。

9月21日，来不及做军装的余秋里，穿着蓝色中山装，到总政治部上班了。以他的习惯风格，他的首选是要下部队了解情况。他正让秘书准备出发，一位大区政委来看望他，两人谈得很投契。这位大区政委离开时递上两本书，说请余主任有空翻翻。

客人走后，余秋里翻看两

本书。原来是总政宣传部下发给连队的两本政治教材，一本是 1977 年编写的《发扬革命传统，争取更大光荣》，第二本是 1978 年的修订本，内容有些补充，基本观点没变：宣扬"无产阶级专政下继续革命"的理论、全面肯定"三支两军"和坚持"两个凡是"……余秋里大为震惊：都什么时代了，作为军队思想政治工作的总指挥部，竟然还附着极左的东西，可见部队肃清"左"的流毒任重道远。

余秋里暂不下部队了，他当即召集总政宣传部有关人员开座谈会，

重新穿上军装的余秋里

了解那两本书还在继续下发连队的原因：相当一部分政工干部对"左"的严重危害性认识不足，或者说，还没有从"左"的轨道上转过弯来。

1983 年 11 月 30 日，余秋里在总政党委扩大会议上着重讲了要严格掌握清除精神污染的界限问题。军委主席邓小平看了这份讲话，会心地笑了，欣然命笔写下三个大字："讲得好"！

余秋里利用全军后勤工作会议的机会，以一个长篇讲话，给与会者脑子里的"左瘤"进行刮骨疗毒。他从彻底清除"以阶级斗争为纲"的影响讲起，给政治工作的保证作用重新定位，褒扬科学文化和农民的责任承包

225

制、猛烈抨击封建闭关的锁国政治，彻底否定"文化大革命"……应该说，这是余秋里出任总政治部主任后的一个政治宣言。

余秋里穿上军装第一次离开北京，出现在河北保定军营的 38 军。这支部队在朝鲜战场上功勋卓著，彭老总在一封电报中喊出了"38 军万岁"，被称为"万岁军"。"文化大革命"中，这支部队在保定地区"支左"。因为解放军的介入，"文化大革命"的局势才得以稳定。但是，成也萧何败也萧何，10 年的"三支两军"严重影响了军队的形象。

保定乃京畿之地，由于林彪、江青等直接插手，驻军的"支左"使这里成了"文革"中的重灾区，军民关系恶化，余秋里早有耳闻。

余秋里在总政治部
会议上讲话

11月23日上午，保定驻军某师政委高天正汇报部队军民关系的情况。高天正个子不高，嗓门却大。他说，"文革"后军民关系很紧张，驻地老乡公然翻墙到连队菜园子摘黄瓜、茄子。战士去干涉，他们却说："子弟兵嘛，不摘你们的摘谁的？"部队将围墙从1.5米加高到2米，老乡却在墙根挖个洞，照样进来见什么拿什么，连肥猪都从墙洞赶走了。

余秋里听着笑了："你们'高筑墙'，他来个'深挖洞'，看来这个办法不灵啊！改善军民关系，必须有一个全社会的良好风气和良好环境。"

"是的，"高天正往下说，"我们派人到村里调查，发现村里到处垃圾，赌博、打架、小偷小摸、封建迷信盛行。针对这种情况，我们决定从帮助治理脏乱入手，各个连队分片包干，修桥补路、清除垃圾，还走家串户，帮助村里杜绝了赌博、打架、偷盗等现象，农民群众的思想素质和文明程度提高了，不仅不再翻墙打

余秋里冒雨检阅部队 |

在北京军区司令员
秦基伟、政委傅崇碧陪同
下视察北京军区某部

余秋里在北京军区某
部开展军民共建精神文明
汇报会上讲话

余秋里为军民共建精神文明活动题词

洞了，有的村还用拖拉机拉着年轻妇女，到部队来帮助战士们缝补衣服拆洗被子。许多村被乡镇树立为文明村……"

"好！"余秋里打断高天正的汇报，扬着手说："这就是人民解放军和人民群众共同建设精神文明！"

1982年12月上旬，余秋里分别向中央军委和中央书记处汇报了保定地区开展军民共建精神文明的情况，引起了中央领导同志的高度重视。

余秋里在军民共建汇报会上慷慨抒怀

总政治部主任余秋里

余秋里和总部机关干
部战士一起参加义务劳动

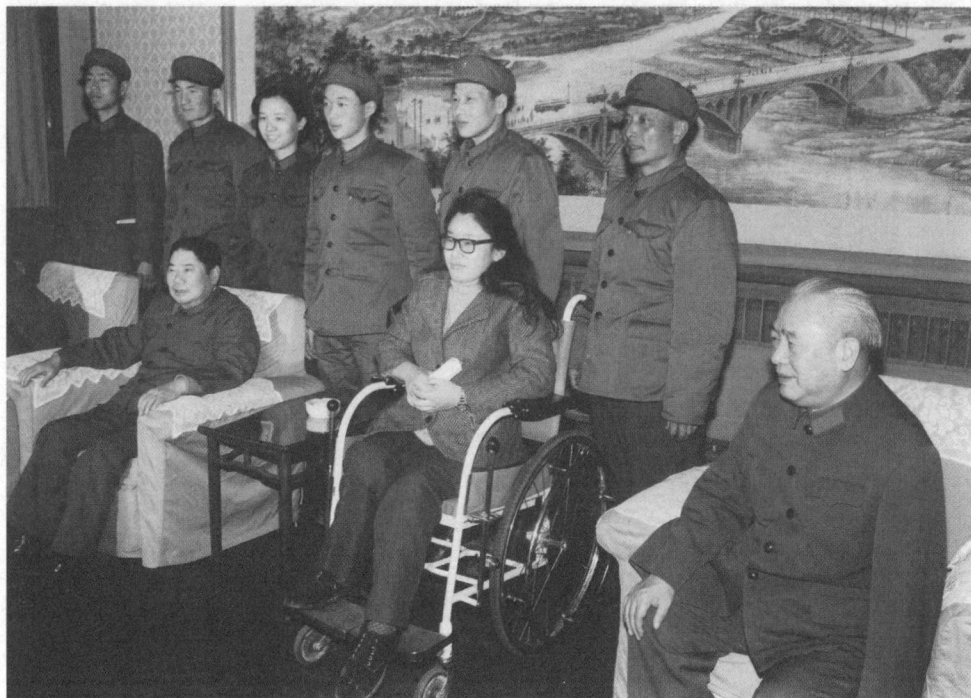

余秋里与杨得志等总
政治部领导接见张海迪等
英模人物

余秋里接见《长征》
美国作者索尔兹伯里

在下基层工作之余，
余秋里早起锻炼身体

三十八、培养军地两用人才

1982 年 11 月下旬的一天早晨，秘书雷厉将一份南京军区某师培养军地两用人才的报告在余秋里的案头放好，和报告一起的还有一个精制的木盒。雷厉猜想，首长对这些东西一定会感兴趣。果然，余秋里上班后草草浏览了一遍报告，打开木盒，里面是一本相册，有的战士在修手表，有的在做木活，有的在修理家电……"培养军地两用人才？这可是个新事物！"他又瞅了一眼报告，对雷厉吩咐："通知这个部队的负责人到北京来，我要听他们汇报。"

12 月 3 日，汇报会开始。参加的有南京军区某军军长张霖、某师政治部副主任李枫林、某团副政委高益珊等。

张霖是余秋里任 358 旅政委时的团长，在老首长面前讲话也就特别直率，没有一句套话。他说，培养军地两用人才，我们可是被逼出来的！农村联产责任承包和城市自由经济活动放开后，农村青年迫切希望掌握一两门技术。不少青年就是抱着学文化、学技术的愿望报名

总政治部召开全军培养两用人才经验交流会

战士书画家的表演，让余秋里心花怒放

参军的。当这个想法落空后，不少战士觉得当兵没出路了，泡病号混时间的多了，有的公开表示想离开军营。面对战士们的思想现实，驻金华某团开始建立"育才室"，组织战士们学习文化知识和民用技术。这个方法很灵，一下子就抓住了战士们的心。

培养军地两用人才，给部队全面建设注入了新的活力，战士安心服役了，连队风气好转了，训练成绩上升了，退伍战士成了技术能手，供不应求了。

余秋里前些时看到一份简报，说部队战士不安心服役的问题相当严重。军心不稳是政治工作者最大的失职！余秋里当夜辗转反侧，怎么也睡不着觉。张霖的汇

余秋里观看战士们的厨艺表演

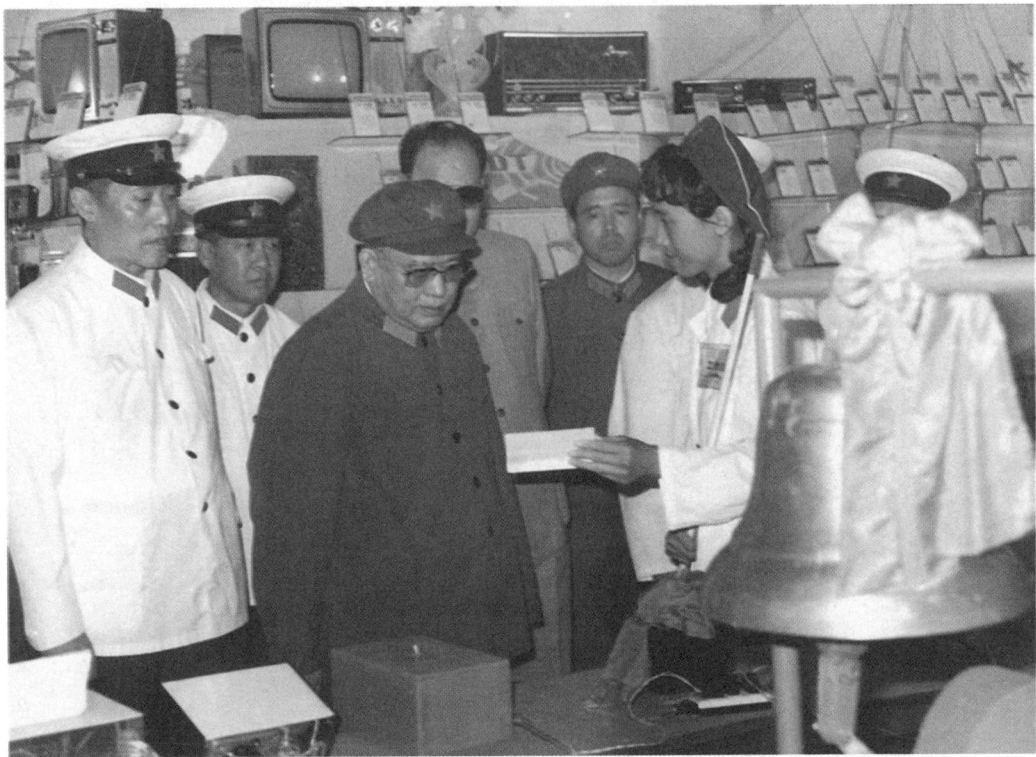

余秋里观看海军两用人才成果汇报

报，让余秋里有了标准答案。

"主任，"张霖有些顾虑地说，"培养两用人才这个新事物出现后，也有人提出了不同看法，说这样会不会偏离军队建设的方向？还说有些青年当兵就是想来学技术的，你却给他一个枕头，这不是助长个人主义吗？"

"你说呢？"余秋里反问张霖。

张霖说，我们也想过这个问题。小平同志早就说过，对战士的教育训练要做到一兵多能……只着眼于军队本身建设的需要是不够的，还要着眼于干部、战士转业复员到地方的需要。所以我认为，不培养军地两用人才，军队工作就谈不上创新和发展。

"说得好！"余秋里猛地从椅子上站起来，"培养军地两用人才，我记得是军委邓主席 1977 年提出来的，5

年了，现在我们才抓这个事，已经晚了！"

座谈会一开就是 10 天。1983 年 5 月，总政治部在浙江金华召开全军学习科学文化知识、培养军地两用人才经验交流会，向全军推广南京军区某师和一些先进单位的经验。余秋里上台作报告，服务员欲上前搀扶，他以手推之说："去！"一挥空袖管，跃然而上。开座谈会，服务员见余秋里取烟，急上前点火，他以手推之说："去！"自取火柴盒，以两腿夹之，只手擦燃点烟，动作麻利。

风调雨顺，姹紫嫣红，春华秋实，硕果累累。几年后，全军有 600 多万名战士参加了民用技术训练，涌现

余秋里听取部队领导关于军地两用人才培养汇报

为培养军地两用人才创造典型的正是余秋里的老部队，硬骨头六连就在这支部队里。1985年余秋里来到硬骨头六连，欣然题词鼓励

出了一大批专业技术尖子人才。仅福建泉州，1万多名退伍军人两用人才发展外向型经济，创汇超过100多万美元；有的成为种粮大户，有的成了民企老总，有的成了学术权威。安徽省书画院副院长刘廷龙，2006年11月间受首都人民大会堂管理局邀请，前往京城创作巨幅山水画《秋风万壑图》，水墨酣流，笔意奔放，大气若虹，古风扑面，京华艺界宿老无不为之击节。谁能想到，这位清眉秀骨、玉树临风的书画高手，正是余秋里当年狠抓军地两用人才时于张霖麾下以"战士书画家"脱颖而出的。

余秋里在硬骨头六连
召开座谈会，与指战员亲
切会谈

余秋里到战士宿舍
看望指战员

余秋里接见英模报告团。左二为时任一军政委的史玉孝

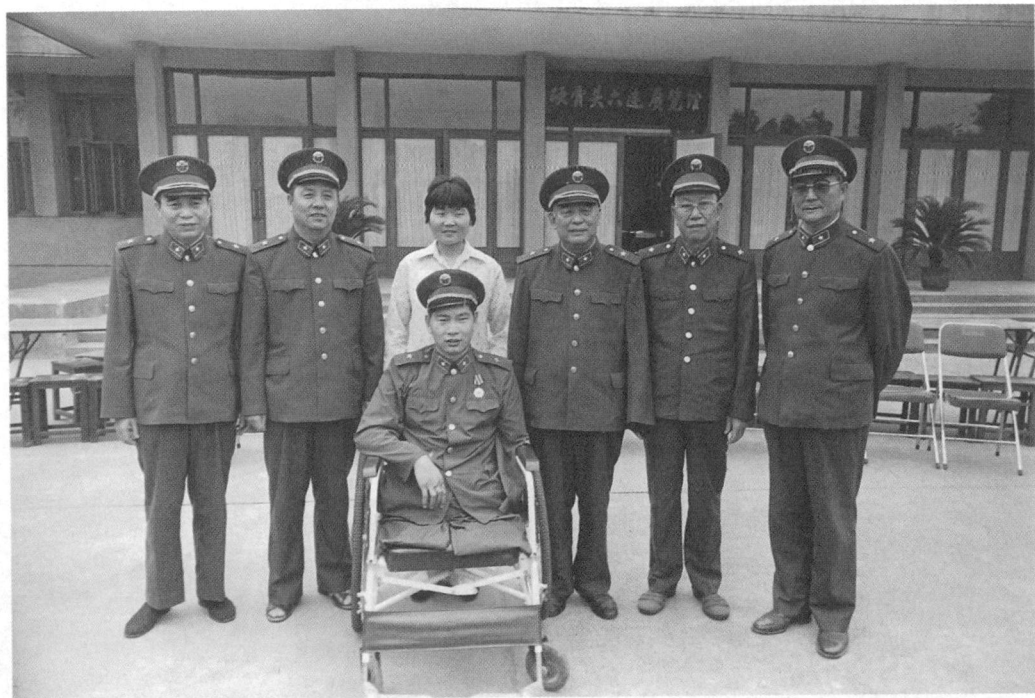

总政治部主任余秋里，副主任郭林祥、周文元，南京军区司令员向守志、政委傅奎清在硬骨头六连与战斗英雄展亚平夫妇合影

三十九、特殊手段助军队快速年轻化

1982年7月4日，邓小平在军委座谈会上指出："干部年轻化，军队提了多年……应该说这件事情这几年做得不理想。这个问题如果不解决，我们这些人就交不了账。"余秋里担任总政治部主任后，暗自捏着那只唯一的拳头，下决心要交这个账。

在"文革"结束后的特殊年代，余秋里给国务院八大部局"消肿"，他快刀猛药，铁血手段，深得中央领导的赞许。在20世纪80年代，军队领导干部两大问题相当严重：一是年龄偏大，年过半百的师长、年近花甲的军长相当普遍；二是文化程度偏低，具有大专文化程度的只占10%，初中以上文化程度占50%。这种状态，严重影响了国防现代化建设的进程，给国家安全带来了极大隐患。

1982年12月8日的军委座谈会上，余秋里广开言路，博采众声。综合各方表述，对军队领导年轻化迟迟未能打开局面的问题作深入探讨。当时军队高层普遍有四个担心：一是担心年轻干部没有战争经验，一旦发生战争，不能有效应对；二是担心选人不当，把枪杆子交给了不可靠的人；三是担心提拔年轻干部影响班子的稳定；四是担心年轻干部的领导能力。

余秋里记得，有一次向邓小平汇报领导班子调整时说，自己有点担心：年轻人到底挑不挑得起重担。邓小平说："我 23 岁当中央秘书长……廖承志同志在人大开幕时还是好好的，过两天就去世了。这对我们是一个很大的警惕！"余秋里听了心里猛一沉。

对军队高层年轻化的问题，有同志提出了解决办法：一是以老带新，二是新老搭配。余秋里认为这两个措施可以试试。

1985 年 6 月，在军委扩大会议上阐述部队整编方案

可是，各大单位报上来的军级领导班子年龄明显偏大：平均 54.7 岁。干部部的同志向余秋里汇报说，各大单位希望尽快将调整后的新班子方案批下去，以免影响部队稳定。"不批!"余秋里冷冷地说，"批了就稳定了吗？我看班子中许多人的年龄一两年就要退下来了，他有心思抓部队建设吗？这就是最大的不稳定！现在看来，战争一时还打不起来，这个时机万万不能丧失!"

1985 年 6 月，余秋里在军委扩大会议上阐述部队整编方案，为选配干部的"四化"进程找到了新的突破口——即"三个打破"：打破军兵种界限；打破部队和机关的界限；打破部队和院校的界限。

这三个"打破"，将部队的各路精英统一调拨配置，高层领导年龄和学历的优势立即有了质的飞跃。不久各大单位报上来了军、师两级领导班子，野战军领导班子平均年龄由原来的 56 岁，调整到 48.1 岁，下降了 7.9 岁；师级领导班子平均年龄由原来的 49.3 岁，调整到 43.2 岁，下降了 6.1 岁。野战军领导班子高中以上学历占 66.8%，比原来的 42.5%提高了 24.3 个百分点。

1985 年，党中央、中央军委决定裁减军队员额 100万。1985 年 5 月的军委扩大会议上，部署全军改革体制、精简整编工作。会议期间，对大军区和军兵种的领导班子作了调整。调整后的各大单位领导班子平均年龄由 64.9 岁下降到 56.7 岁，每个班子都配有 40 岁左右、

邓小平在军委会议上讲话，表明裁军 100 万

百万大裁军的操盘手们（左起）：洪学智、杨得志、杨尚昆、余秋里、张爱萍

50 岁左右、60 左右的领导，基本形成了比较合理的梯次年龄结构。

30 年前彭德怀主持裁军，将我国常规部队压缩到 240 万，成为我军进入和平时期后最少的纪录。那年月，彭老总不知因此而得罪了多少开国战将。余秋里顶住压力，出色完成了这次裁军任务。

正因为当年高层领导干部的调整实行"三个打破"，坚决地实行以年龄划线的非常举措，才使困扰军队的"终身制"，一夜之间退出了历史舞台。

1984 年春节前夕，余秋里陪同中共中央总书记胡耀邦去云南前线慰问部队

余秋里参加中央工作会议 |

在十三大会议上，余
秋里与陈云同志合影

在党的十二届四中全
会上，余秋里与习仲勋、
乔石、胡启立同志合影

四十、将乡情与亲情深深埋藏心底

1983 年 5 月 19 日的黄昏，余秋里回到了老家江西吉安。15 岁离开时的翩翩少年，唯一的一次回来，已

是一头华发。乡音无改,人世沧桑,余秋里和乡亲握手问候。

"村里还没有装电灯吗?"余秋里发现村里一团漆黑。"装了。"一个中年汉子回答。"那为什么电灯不亮呢?""哪个花得起电费啊!"

余秋里抬头瞅一眼黑影绰绰的乡村土屋,胸中猛然间涌起一股莫名的沉重:几十年了,我的家乡还是很贫穷……他一点心情都没有了,紧着喉咙对乡亲们说:"今天太晚了,大家回家休息吧!明天我再来看望乡亲们!"

第二天吃过早饭,余秋里又来到了坪里村。因为他回来,村里路面打扫后清洁了许多。打谷场上摆了两张方桌,几条长凳。聚集在这里的乡亲,也像走亲戚似的换上了比较整洁的衣服。陪同的县乡干部带来了些糖果

251

面对家乡的贫穷，余秋里忧形于色，说愤怒也不过分

在余秋里斡旋下建成的赣江发电厂

和瓜子，分给在场的孩子们。一个中年妇女抚摸着靠在她怀里的小男孩，感激地说："今天我们伢子们可是享福了！这么好的东西，过年都吃不到啊！"

余秋里听着心里又是一沉。回到市区住所，余秋里黑着脸，将自己内心的疚痛向县区干部一吐为快："人民的生活为什么还这么贫穷？原因在哪里？"

吉安地委、专署的同志来看望余秋里，请他上井冈山走一走。余秋里不假思索地一口回绝："我哪也不去，明天和你们开一天会，研究一下如何把经济搞上去，后天就离开这里。"

余秋里促成的井冈山卷烟厂

　　5月21日，余秋里和吉安地委、专署的同志议了一天关于如何把经济搞上去的种种方略。回到北京后，余秋里亲自找了农业部副部长兼扶贫办主任朱荣，向他反映吉安县的贫困情状。后来国务院扶贫办来吉安调研，确定将吉安定为贫困县，在政策和资金上给予了适当的扶持。20世纪80年代末，余秋里听说井冈山地区烟叶生产发展很快，灵机一动，向有关部门建议，促成在吉安建成了井冈山卷烟厂……

　　在短短的一天里，余秋里看到了父母留下的故居——历经沧桑的老屋。那里是余秋里出生的老屋，

余秋里出生的老屋 |

余秋里的二弟和三弟

余秋里与亲人的后代合影

依然如旧。余秋里有两个弟弟。二弟在 20 世纪 70 年代因病去世。老屋里，住着寡居的二弟媳和她的几个孩子。

三弟很是健朗，领着孩子们陪着胞兄，特别自豪与快乐。他发现县长书记们对哥哥很尊敬，知道哥哥一定权大得不得了，转弯抹角地对哥哥说，你给这些地方领导打声招呼吧，为你的侄子们弄口饭吃啊。"你的意思是给他们找个工作？"余秋里笑眯眯地问。"是啊！"三弟喜滋滋地说，"只要你开口，保险没问题！""我没那个权力！"余秋里脸色立变，扫一眼侄子们，"我不能做

1971 年全家福合影。前排左起：夫人刘素阁、小女晓阳；后排左起：长女园园、二女晓霞、儿子余浩、三女晓虹

违反原则的事！你们也不要想在我身上沾什么光！"三弟又说："你当那么大的官，从未给家乡办点事。"余秋里说："我是担任过副总理、国家计委主任。但我不是江西省计委主任，更不是吉安县计委主任。"

"文化大革命"中，余秋里屡被炮轰、火烧，为了打倒他，造反派千里迢迢来吉安收集罪证。让他们更不可思议的是，一间破旧不堪的老屋里，走出两个与当地农民一模一样的贫穷汉子，说是余秋里的胞弟。造反派怎么也不敢相信，上下打量了老半天后问："你俩真的是余秋里的弟弟吗？"余秋里的二弟给问得火起，吼道："老子是不是关你个屁事！你去问问余秋里！"

1985 年，余秋里侄子余黑古考军校，成绩过线，

20 世纪 80 年代余秋里
和夫人刘素阁合影

退休后余秋里与夫人
刘素阁合影

进京说："伯伯打个招呼，进好一点的学校。"余秋里说："没有必要。"后余黑古转业时，余秋里也不发一言。侄女余满秀1986年当兵，次年考军校，文化分不够，打电话给余秋里，盼给下面打个招呼，余秋里说："没有必要。能上就上，上不了回家种田。"

坪里村东有赣江，北有禾水，地势低洼，十年九涝。1987年吉安县拟同意将该村迁出，以根本解决受涝问题，但需报国务院批准并拨款。余秋里的侄子余黑古受乡亲委托赴京。余秋里问："你来干什么?"余黑古说："家里很苦。"余秋里说："种田哪有不苦?"余黑古说："家里天天涨水。"余秋里说："住在那个地方有什么办法，又不能把你们一家迁出来。"余黑古将吉安县迁村方案告之。余秋里沉思良久，说："此事应由县报省，省里如解决不了，再报中央。"遂不了了之。

"以权谋私的事，是国民党干的事!"这是余秋里心底的原则。

正因为这个原则和理念，余秋里的家庭生活也显得特别"革命"。他的夫人刘素阁，花季才女的小八路，由当时的晋绥军区直工部长李贞牵线来到余秋里的身边，为余秋里育下5个孩子。余秋里只知道工作、工作、工作，5个孩子全靠刘素阁抚养成人，孩子个个好学上进，都很听话，不用余秋里多操心。

1974年，余秋里二女儿在河南许昌的部队当兵。余秋里的专列在京广线上不时经过许昌，两三年没见宝

1988 年退居二线后，
余秋里在家中阅读文件

退休后余秋里在家中留影

余秋里悠闲读报

余秋里和儿子余浩
探讨社会问题时，总是笑
眯眯地听

贝女儿了，每次列车路过许昌，余秋里都会到窗口向外
张望。他完全可以到部队去看看女儿，也可以让女儿到
车站来，但他一次都没这样做……有一次，列车缓缓驶
出许昌，他站在车门口，看远远的白杨树林中的军营，
听到传来威猛的口令声，竟然涌出泪来……

20 世 纪 80 年 代 初，
儿子余浩在老山前线任作
战主力团团政委（左一）

余秋里和夫人、女儿
在重庆游玩

| 晚年的余秋里谈笑风生

结　语

　　余秋里天庭饱满，眉宇刚毅，任石油部长、国务院
副总理仍喜戴军帽，帽沿上推，朝天翘。虽断左臂，但
雄风不减，军人气质依然。

　　在战争年代，余秋里英勇顽强，是一位具有传奇色
彩的独臂将军。他善于做思想工作，解放战争时期，在
部队开展"三查"、"三评"活动，开创了解放军新式整
军的先例，有力促进了全军新式整军运动的深入发展，
保证了解放战争的胜利。

　　新中国成立后，余秋里接任石油工业部部长，率领
石油大军，展开了大庆石油大会战，一举扭转了我国石
油工业长期落后的面貌。在持续石油高产开发的同时，
创建并完善了我国石油加工体系，基本保障了经济建设
和国防建设的需求。

　　1964 年，余秋里领导国家计委，主持制定第三个
五年计划，成为经济工作的杰出领导人。"文革"中艰
难辅助周恩来总理，全力支撑共和国经济大厦。粉碎
"四人帮"后，竭力恢复和发展国民经济，积极推进改

革开放，呕心沥血发展能源工业。

1982 年 9 月，余秋里出任中国人民解放军总政治部主任。作为中国人民解放军卓越的政治工作领导者，他大刀阔斧，改革军队政治思想工作，鼎力号召学习科学文化、培养军地两用人才、军民共建精神文明等活动，一扫政治工作表面文章、形式主义等弊端，任内政治工作生动活泼，热火朝天。

1985 年百万大裁军后，军队实行干部年轻化、知识化，余秋里与许多老同志一样，开风气之先，1987 年他主动从总政治部主任的岗位上退下来，过着幸福悠闲的退休生活。1999 年 2 月 3 日，余秋里在北京病逝，享年 85 岁。

余秋里生平大事年表

(根据《余秋里年谱》整理)

1914 年

11 月 15 日　出生于江西省吉安县敦厚镇坪里村贫苦农民家庭。父亲余焕然，母亲戴氏。

1921 年

入本村私塾读书。

1928 年

夏　吉安旱灾。随父亲到吉安城当搬运工。

1929 年

5 月　参加坪里村中共地下党员余文元的秘密集会。

10 月　参加余文元领导的农民暴动。

12 月　加入共产主义青年团。

1930 年

10 月　随赤卫大队攻进吉安县城（此前 6 次都失败）。

11 月　被任命为赤卫大队第一中队中队长。

1931 年

5 月　由共青团加入中国共产党。

8 月　在横江渡七里坪战斗中头部负重伤。

1932 年

7 月　伤愈，被安排在中共吉安县委军事部工作。

1933 年

3 月　在湘赣省苏维埃代表大会上，被选为工农检查委员会委员。

11 月下旬　进入红军学校第四分校学习。

12 月下旬　担任军事队指导员。一天清晨，遇到前来视察的任弼时，得到任弼时的谆谆教诲。

1934 年

8 月 7 日　红四分校跟随红 6 军团共 9700 多人离开湘赣根据地。

10 月 8 日　担任军团部政治保卫队队长，负责任弼时同志的保卫工作。17 日夜，余秋里指挥保卫队保护任弼时冲过敌封锁，于 23 日抵达印江木黄，24 日在水浒庙（乡公所）与前来迎接的贺龙、关向应会合。

1935 年

2 月　任 6 师 18 团总支书记。

7 月 10 日　象鼻岭战斗中腿部负伤。

9 月上旬　红 2、6 军团决定战略转移。

1936 年

3 月 12 日　18 团截击敌万耀煌纵队。余秋里与团长成钧率部队赶到得章坝干沟梁子时与敌遭遇。余秋里为救成钧左臂被子弹射中，骨头被打断，手腕碎裂。由于医疗器械和药品缺失，一直未能手术治疗。

4 月　伤口发炎，高烧不止，在同志们保护下渡过金沙江。

5 月 5 日至 7 月 1 日　坚持不躺单架，翻越了 3 座大雪山。

7 月中旬　离开甘孜北上进入草地。伤口腐烂生蛆，剧痛难忍。

9 月中旬　进入甘肃南部徽县。左臂红肿，左手干燥发黑，已经坏死。经向贺龙、任弼时、关向应汇报，决定做截肢手术。

10 月 22 日　红二方面军到达甘肃会宁将台堡，与红一方面军胜利会师。

11 月下旬　抽调到党中央在保安成立的红军大学学习。

1937 年

1 月 27 日　红大第 2 期正式开学。来自三个方面军的干部实行混合编班，编在学员二队的有余秋里、陈赓、罗炳辉、张际春、胡耀邦、何长工、杨得志、姬鹏飞、康克清、张震、张国华、肖望东、江华、胡立教、伍云甫、邵式平、曾希圣等。

8 月　在抗大毕业。因伤口未完全愈合，被分配到军委总政治部工作，任直属政治处副主任。

1938 年

5 月　任总政治部组织科科长兼巡视团主任。

11 月初　120 师师长贺龙、政治委员关向应从抗日前线回延安参加中共六届六中全会，一起看望余秋里，希望余秋里回前方。11 月下旬，余秋里离开延安，随贺龙、关向应来到山西省岚县的 120 师驻地，任干部大队政治委员。

12 月 22 日　率干部大队随贺龙、关向应从岚县进军冀中。

1939 年

1 月 28 日　冀中军区独立第三支队成立。贺炳炎任司令员，余秋里任政治委员。

2 月 1 日　率三支队进入大清河北岸地区。2 月 4 日，在板家窝指挥部队抗击日军，打退日军 5 次进攻，毙、伤日军 80 余人，敌撤退。2 月中旬，与地下共产党员刘佩荣改编地方武装江东升部，被冀中军区编为第三纵第六支队。

3月　收编游杂部队700多人，整编为三支队下辖的第七团。

5月下旬　奉120师命令，率三支队返回大清河南岸蠡县潴龙河一带休整。5月28日，120师下达命令：六支队编为三支队八团，左清臣任团长，刘佩荣任政委。

7月至9月　领导独立三支队进行了为期3个月的政治整训。在地方党委和政府的帮助下，又扩兵1000多人，全支队达到2500多人。

9月上旬　120师主力移防至冀西地区，二、三、四、五、六共五个支队仍留在冀中。按贺龙、关向应部署，由余秋里和贺炳炎统一指挥冀中部队。

1940年

1月23日　参加马家营战斗。

5月14日　奉120师命令，与贺炳炎率独立三支队向晋西北开进。

8月20日至9月　与贺炳炎率部参加百团大战。

11月初　参加晋西北军区会议。主动向358政委李井泉建议：将三支队缩编为一个团，归还358旅建制。三支队缩编为358旅8团，刘彬任团长，余秋里任政委。因刘彬去抗大学习，余秋里长期主持8团军政工作。

1941 年

全年指挥 8 团与日军作战 29 次，毙、伤日伪 594 名，俘日伪 62 名，缴获轻机枪 4 挺、步枪 132 支、子弹 14200 多发。

1942 年

1 月　根据中共中央精兵简政指示，领导 8 团在岢岚铺上地区进行精简整编。

10 月　奉命率领 8 团从宁武地区转移到临县地区。

1943 年

6 月中旬　358 旅奉命回师陕甘宁边区。6 月下旬，余秋里率 8 团渡过黄河，到达延安以南、富县以西葫芦河地区集结。

1944 年

春　总结开展大练兵中"官教兵、兵教兵、兵教官"的群众性练兵方法，得到毛泽东主席的肯定和表扬。

夏　带领全团指战员上山开荒。大生产运动中全团共开荒 41000 多亩，3 连战士王德才开荒 120 亩，被选为边区劳动英雄。

秋　8 团开荒种粮获得丰收，共收粮 6000 多担，蔬菜 87 万多斤，实现了自给有余。

11 月　任 358 旅政治部主任。

1945 年

4 月 23 日至 6 月 11 日　参加在延安召开的中国共产党第七次全国代表大会。

7 月　中央军委命令 358 旅由副旅长黄新廷、政治部主任余秋里率领，向晋西北开进，扩大吕梁山根据地。

8 月 9 日　与黄新廷率部参加爷台山战斗。

10 月初　中央军委任命黄新廷为 358 旅旅长，余秋里为 358 旅政治委员。

冬　指挥卓资山战斗。全歼敌新编 26 师，俘敌少将师长以下 1800 多人。

1946 年

夏　主持召开全旅第一届英雄模范代表大会。余秋里特地为 3 名特等战斗英雄订制了金质奖章。

7 月 17 日　与 21 岁的晋绥军区政治部机关女干部刘素阁结为革命伴侣。

秋　率部参加大同、集宁战役。

11 月中旬　中共中央在延安召开了保卫延安的紧急动员大会。按照中央军委部署，第一纵队（辖 358 旅、独 1 旅）西渡黄河，开赴陕甘宁边区。

1947 年

3 月 3 日至 5 日　率部和新四旅一起攻击西华池之敌 48 旅。毙、伤敌 1650 余人，击毙敌旅长何奇。

3 月 24 日　率部参加青化砭战役。该役歼敌 31 旅，俘敌旅长李纪云、参谋长熊宗继以下 2500 余人。

4 月 12 日　率部参加羊马河战役。358 旅负责抗击敌整编第一军的 5 个旅进攻。29 日，率部参加蟠龙战役。全歼镇内守敌 6700 人，敌 167 旅旅长李昆岗被俘。

5 月 13 日　军委副主席周恩来到 358 旅看望官兵。

8 月中旬　率部参加沙家店战斗。敌 36 师师部及 165 旅除少数残敌逃跑外，全部被歼。

9 月 15 日　第一纵队所属部队番号调整：358 旅 8 团改为 714 团，调整后的 358 旅下辖 714 团、715 团、716 团。

10 月 1 日　率部参加延（川）清（涧）战役，全歼敌 76 师 8000 余人。师长廖昂、24 旅旅长张新被俘。

10 月下旬　率部参加第二次攻打榆林，无功而返。

11 月中旬　根据榆林作战教训，余秋里组织部队开展以"诉苦三查"为内容的整训。

1948 年

1 月　参加在米脂县杨家沟召开的西北野战军前委第一次扩大会议。

2 月 12 日　率部参加宜川战役。该役歼敌两个整编师 5 个旅 10 个团，毙、伤、俘敌近 3 万人。

3 月 7 日　新华社发表毛泽东主席为中国人民解放军总部发言人写的评论：《评西北大捷兼论解放军的新式整军运动》。

4 月中下旬　率部参加西府战役。

8 月 8 日　率部参加澄（城）合（阳）战役。敌整编 36 师大部被歼。收复韩城、合阳、澄县三城。

10 月 5 日　率部参加荔北战役，共歼灭胡宗南集团 2.5 万余人。

11 月　胸部疼痛加剧，大便潜血，野战军卫生部诊断为肋膜炎。经卫生部报告，彭德怀安排余秋里离开 358 旅，到晋绥军区医院住院治疗。

1949 年

1 月　358 旅改编为中国人民解放军第一军第一师，黄新廷为师长，余秋里为政治委员。

9 月　任第一军副政委、青海军区副政委、青海人民军政委员会副主任，因病未到任。

10 月下旬　贺龙在临汾约见余秋里，要求其南下，进军四川。

1950 年

1 月初　随贺龙入川，任中共川西区党委委员、常委。

1 月上旬　奉贺龙指示，到新都县进行征粮工作试点。

1 月 15 日　主持新都县农民代表会议，采取"自报公议，三榜定案"的做法开展征粮工作，征粮任务很快完成一半以上。

7月底　川西地区公粮征收基本完成，确保了进军西藏、川西驻军、起义投诚部队的粮食供给。

10月初　被任命为西南军区军政大学副政委。校长兼政治委员刘伯承去北京筹建陆军大学，余秋里全面负责西南军大工作。

1951年

1月初　西南军区军政大学改编为解放军第二高级步兵学校，余秋里任副政治委员。

1952年

1月　"三反"中，步校党委接到检举两位干部贪污的材料。经校党委研究，对这两人进行了隔离审查。余秋里经过深入调查，没有发现贪污行为，亲自向两位干部宣布解除看守，真诚道歉。

2月　任西南军区党委常委、西南军区后勤部部长兼政治委员，解放了一批在"三反"运动中被错整的干部。

9月下旬　深入康藏公路沿线，考察筑路部队生活供应和物资保障，改善、提高了施工部队的供给标准。

1953年

7月上中旬　主持召开西南军区后勤部党委扩大会议，全面检查后勤工作中的浪费现象。

1954 年

11 月　任中央军委财务部副部长，部长杨立三在苏联治病，主持全面工作。

1955 年

1 月　参考苏联经验制定我军第二部财政法规，试行后组织机关人员深入部队听取意见，对试行的财政法规提出了《十项改进意见》。

8 月　任中央军委总财务部部长。

9 月 27 日　在北京怀仁堂参加授衔授勋典礼。余秋里荣获中将军衔和二级八一勋章、一级独立自由勋章、一级解放勋章。

1956 年

8 月 29 日　中央军委总财务部改编为中国人民解放军总财务部，任中国人民解放军总财务部部长。

9 月 15 日　参加中国共产党第八次全国代表大会。

1957 年

5 月　总财务部并入总后勤部，任总后勤部政治委员。

1958 年

1 月下旬　毛泽东在中南海召见余秋里，决定其出任石油部部长。

2月27日　参加中共中央总书记、国务院副总理邓小平连续两天在中南海主持的石油部工作汇报会议。

3月　在石油部连续五次召开党组会议和部务会议，学习讨论中央领导的历次讲话，传达贯彻邓小平的指示精神，组织制定石油工业部第二个五年计划。

4月上中旬　在四川参加南充石油工业现场会议，决定集中四川及西北各石油局力量，组织川中石油勘探会战。

12月22日　主持召开党组扩大会议，提出1959年要加速新区的勘探，哪里有希望，就向哪里集中力量，尤其是东北。

1959 年

3月下旬　在电报大楼主持召开电话会议，代表石油部党组宣布：结束川中石油会战。

6月中下旬　在玉门召开党组扩大会议，重点检讨了川中会战的教训。

9月26日　位于黑龙江省肇州县境内的松基3井，喷出原油。27日吉林扶余3号构造"扶27"井获得工业油流，标志扶余油田的发现。

10月26日　在北京华侨大厦主持召开党组扩大会议。会议上重提"集中力量打歼灭战"思想，为大庆会战做准备。

12月中下旬　向周恩来总理汇报松辽石油勘探有新发现，准备组织一次会战迅速拿下油田，获得周恩来首肯。

1960 年

1 月 7 日　到上海参加中央政治局扩大会议。会议期间向毛泽东主席汇报在松辽平原可能找到了大油田。

2 月上旬　和李人俊一起向中共中央总书记邓小平汇报工作，重点申述准备集中石油系统一切可以集中的力量，用打歼灭战的办法，在松辽地区开展一场勘探开发石油的大会战。邓小平当即表示同意，要求石油部正式给中央写一个报告。

2 月 13 日　签发《关于东北松辽地区石油勘探情况和今后工作部署问题的报告》，上报周恩来、李富春、薄一波并党中央。

2 月中旬　在周恩来授意下来到广州，向主持军委扩大会议的毛泽东主席申请 2 万—3 万转业军人壮大石油会战队伍，得到毛泽东的赞许和支持。

3 月 11 日　大庆长垣北部的萨尔图萨 66 井喷出高产油流。

3 月 14 日　主持召开党组会议，分析萨 66 井出油情况后调整勘探部署，提出"挥师北上"，首战萨尔图。

4 月 1 日　大庆会战指挥部在安达成立。余秋里兼任会战工委书记，康世恩兼任会战领导小组组长，地质勘探司司长唐克、机关党委副书记吴星峰任副组长。

4 月 9 日　在安达铁路工人俱乐部主持召开大庆战区第一次五级（部、局、指挥部、大队、基层）三结合

（干部、工人、技术干部）技术座谈会，共同完善了《大庆长垣钻探和开发过程中取全、取准 20 项资料 72 个数据》的提纲，成为中国石油史的重要一页。

4 月 29 日　在萨尔图草原临时开辟的广场上，主持召开了"石油大会战誓师大会"。余秋里在大会上表彰了 1205 钻井队等 17 个"一级红旗"单位，突出宣传了"铁人"王进喜的事迹，"铁人"王进喜至此成为石油工人的楷模。

5 月上旬　研究过冬措施，成立"'干打垒'建筑指挥部"，由副部长孙敬文负责。

6 月 1 日　首列 21 节大庆探井试采的原油装车外运。火车头上悬挂着毛泽东像，由康世恩剪彩，在一片锣鼓和欢呼声中驶离萨尔图火车站。

11 月中下旬　和李人俊、孙敬文到大连石油七厂了解到大庆原油试炼情况，决定组成石油部工作组，从兰州、玉门、上海炼油厂等单位抽调 70 多名专家、技术人员和生产骨干"会战"石油七厂。

1961 年

年初　在大庆主持工作的张文彬汇报职工队伍中出现了浮肿病，当即指定康世恩迅速前往大庆研究对策，指示要坚持一手抓生产，一手抓生活，毫不动摇坚持会战，天塌下来也要顶住。

3 月 5 日　在石油部听取来自华北石油勘探处地质师帅德福、安培树的汇报。

4月14日　山东东营华8井开始喷油。

11月9日　主持召开党组会议，讨论要摆脱石油特别是军用油品进口的局面，决定由徐今强组织一个班子，直接指挥石油二厂、龙凤炼油厂的建设。

12月26日　主持召开全国电话会议，重点讲了冬季总结开展"评功摆好"运动的意见。

1962年

1月初　主持石油部局厂领导干部会议。在这次会议上首次提出树立"三老"、"四严"的作风。

3月16日　大庆会战工委专门召开扩大会议，制定了全战区1962年发展农副业生产的规划和具体政策，"五把铁锹闹革命"至此传为佳话。

5月8日　大庆新建投产的"中一"注水站凌晨失火，厂房和设备全部烧光，直接经济损失160多万元。

6月初　到达大庆，查看"中一"注水站火灾现场，和基层干部、工人进行座谈，发动群众，揭露矛盾和问题，开展"一把火烧出的问题"大讨论，从而统一思想，制定、完善了大庆全区1471个基层生产岗位的"岗位责任制度"。

6月21日　陪同周恩来及夫人邓颖超视察大庆。

1963年

1月28日至3月6日　受党中央委派，率团赴西藏慰问参加中印边界自卫反击战的中国人民解放军指战员。

11 月上中旬　在大庆主持召开全国石油厂矿领导、技术负责人和工人代表现场会，请大家对大庆工作"评头论足"、"挑毛病"，在会议期间，技术攻关解决了军品油生产的全套工艺。

11 月 17 日至 12 月 3 日　出席全国人大二届四次会议。遵照周恩来总理的安排两次发言，全面介绍了我国石油工业所取得的成就。

12 月 28 日　中共中央举行《关于大庆石油会战情况》的报告会，会议由中央书记处书记彭真主持，中央机关、中直国家机关和北京市级机关 17 级（县团级）以上的干部 5.6 万人参加会议。主会场设在人民大会堂，另有几个分会场。余秋里在人民大会堂作长达 6 个小时的报告。

1964 年

1 月 22 日　签发石油工业部党组《关于组织华北石油勘探会战的简要报告》，报送中共中央书记处，很快得到批准。

1 月 25 日　毛泽东向全国发出"工业学大庆"的号召。

3 月中下旬　到山东东营蹲点。

7 月 31 日　再次来到山东东营，在勘探会战指挥部运输大队蹲点近两个月。

12 月 15 日至 28 日　参加中共中央政治局召开的

全国工作会议。

12 月末　中央任命余秋里为国家计委第一副主任兼秘书长、党组书记。

1965 年

1 月上旬　到国家计委上任，并在毛泽东授意下组成一个"计划参谋部"，亦称"小计委"。组织起草了《关于讨论计划工作革命问题的一些初步设想》。

1 月 25 日　东营坨 11 井试油。用 30 毫米的油嘴放油 24 小时，出油 1134 吨。后来，将在东营的辛镇、坨庄、胜利村一带发现的油田，统一命名为"胜利油田"。

2 月至 4 月　组织小计委按照中央批准的工作部署，着手编制第三个五年计划。

6 月 15 日　随同周恩来乘飞机到达杭州，次日向毛泽东主席作了"三五"计划的汇报。

10 月 13 日至 11 月 14 日　主持召开全国计划会议。

1966 年

2 月中旬　向中共中央、国务院报送关于三线建设的汇报提纲。周恩来审阅后送毛泽东，并注明"值得一看，请予翻阅"。

3 月中旬至 4 月初　随邓小平在西北视察三线建设。

9 月初　经毛泽东主席批准，和谷牧协助国务院领导抓经济工作，除主管计划工作以外，分管冶金工业

部、第一机械工业部、石油工业部、煤炭工业部、电力
工业部、地质工业部、物资部。

11 月上旬　和谷牧受周恩来委托，准备召开计划
会议，安排 1967 年的国民经济计划。这个计划在政治
斗争的漩涡里几经周折，最后面目全非。

1967 年

1 月 7 日　受到红卫兵在北京展览馆召开的大会
批斗。

2 月 16 日　参加周恩来在中南海怀仁堂主持召开
的抓革命、促生产碰头会。

3 月中旬　国家计委大院、北京的主要街道上贴满
了"打倒二月逆流黑干将余秋里"的大标语。

3 月 23 日　周恩来决定对大庆油田实行军管，指
示余秋里代中央起草一个决定。与康世恩研究后起草
了对大庆油田实行军管的决定（草稿），毛泽东批准
"照办"。

3 月 24 日　北京石油学院、石油部等单位红卫兵
召开"彻底粉碎余秋里资本主义复辟逆流誓师大会"，
宣布成立"首都无产阶级革命派批判余秋里联络站"。

7 月 3 日　受到国家计委和一些院校的红卫兵批斗，
被残暴地体罚，让他坐所谓的"喷气式"飞机。

8 月 21 日　受到红卫兵在石油学院召开的批斗，
并将他从会场的后门带到石油学院的一间房子里，随后
又转移到北师大关押起来。三天后在周恩来的斡旋下

获释。

11 月上旬　参加新成立的国务院业务组，周恩来任组长。

1968 年

6 月 14 日　陪同毛泽东接见沈阳、南京部队读书班的同志。

12 月 25 日　陪同周恩来接见参加全国计划会议的代表。

12 月底　周恩来决定在国务院业务组领导下，成立计划起草小组。周恩来任组长，余秋里任副组长。起草 1969 年国民经济计划。

1969 年

2 月 16 日至 3 月 24 日　主持召开全国计划会议，部署《1969 年国民经济计划纲要》。

4 月 1 日至 24 日　中共第九次全国代表大会在北京召开。被推选为九大代表，并在代表大会上当选为中央委员。

12 月末　根据周恩来指示，国务院成立铁路建设支援领导小组，余秋里任组长。

1970 年

8 月 23 日至 9 月 6 日　参加中共九届二中全会。

1971 年

4 月初　和李先念联名给周恩来写报告，要求进口发电设备。4 月 6 日周恩来批示："原则同意。"

9 月 8 日　和李先念、李富春、华国锋听取全国银行工作会议汇报。会议讲话中强调批判极左思潮，加强分口管理。

9 月 30 日　"九一三"事件后，周恩来主持召开中央政治局会议，决定"军委三总部分由李德生、张才千、余秋里主持工作"。

10 月　余秋里在担负经济工作任务的同时，开始主持总后勤部工作。

1972 年

4 月　和李先念一起主持国务院业务组产品质量座谈会。

年中　在周恩来指示下，严密慎重地进行成套设备和新技术的引进工作。

10 月　中国商品广州交易会开幕。外商非常踊跃，需求旺盛，余秋里在会上大讲产品质量和商品交换。

1973 年

1 月 2 日　国家计委向国务院报送《关于增加设备进口，扩大经济交流的请示报告》，即"四三方案"。

8 月 24 日至 29 日　参加中共第十次全国代表大会。在会上再次当选为中央委员。

10 月　主持召开全国计划会议。

1974 年

4 月 5 日至 15 日　经中共中央政治局批准，主持国家计委在北京召开 15 省、市抓革命促生产座谈会，研究把欠产情况日趋严重的煤炭、钢铁、运输抓上去的措施。

4 月 22 日　经中共中央政治局会议讨论修改，中共中央批转了国家计委《关于 1974 年国民经济计划（草案）的报告》。

8 月　四机部、一机部、中科院等联名向国务院呈递了《关于研制汉字信息处理系统工程的请示报告》。余秋里等研究后同意立项，还当即下达了将这一工程（7482 工程）列入国家科学技术发展计划的通知。通知决定由四机械工业部牵头成立 7482 工程领导小组及办公室。

9 月 29 日　参加贺龙骨灰安葬仪式。

1975 年

1 月 8 日　参加中共十届二中全会。

1 月 13 日至 17 日　参加第四届全国人民代表大会第一次会议，被任命为国务院副总理兼国家计委主任。

2 月 1 日　参加周恩来主持召开的国务院常务会议。周恩来讲了各位副总理的分工问题后说："我身体不行了，今后国务院的工作由小平同志主持。"

2月11日　表现大庆石油会战的电影《创业》在北京和全国大城市正式上映，次日突然通知停映。江青再一次制造事端，把矛头指向余秋里。

5月　余秋里感到身体不适，经医院检查患了心脏病。后在北京医院、北戴河休息了一段时间。

7月18日　《创业》编剧张天民给毛泽东写信，汇报《创业》的创作过程和对批评意见的不服。一个礼拜后毛泽东批示："此片无大错，建议通过发行。不要求全责备。而且罪名有十条之多，太过分了，不利调整党的文艺政策。"江青利用《创业》迫害余秋里的企图未能得逞。

11月中旬　"反击右倾翻案风"拉开序幕。余秋里心脏病因劳累加重，医生建议他到外地去休息治疗一段时间。他给邓小平、李先念副总理写了一封信，很快得到批准。11月下旬，离开北京到广州休息。

1976年

1月7日　惊闻周总理病危，第二天从广州匆匆飞回北京，下飞机时，得知总理已于当天上午去世。10日向周总理遗体告别时，不禁失声痛哭。

春　邓小平再一次被撤销一切职务后，国家计委编写的《工业二十条》被诬蔑为大毒草。余秋里忧心忡忡。

9月9日　毛泽东逝世。10日乘飞机回到北京。11日在人民大会堂吊唁和瞻仰毛泽东遗容。18日下午参加天安门广场追悼大会。治丧活动结束后，没再离开北京。

10 月 7 日　李先念打电话，通知他下午到玉泉山去开会。会上，叶剑英通报了粉碎"四人帮"的情况。

12 月上、中旬　在北京饭店主持召开"工业学大庆"筹备会议。17 日陪同华国锋、叶剑英、李先念在人民大会堂接见出席全国石油企业会议、全国化工炼油企业会议的代表 1800 多人。

12 月 24 日　前往解放军总医院看望住院治疗的邓小平。

1977 年

1 月上中旬　主持召开了全国计划会议准备工作座谈会。

3 月 8 日，中共中央批转了余秋里组织起草的《国家计划委员会向中央政治局关于 1977 年国民经济计划几个问题的汇报提纲》。

3 月 28 日至 4 月 19 日　在大庆油田视察，深入到采油井、暖窖、养鸡场、职工食堂、干打垒家属区、大庆化肥厂，多次召开职工座谈会。

4 月 20 日　全国工业学大庆会议第一阶段会议在大庆开幕。参加会议的代表共 7000 多人。与华国锋、李先念等党和国家领导人接见了会议代表，视察了大庆油田。

5 月 4 日至 13 日　全国工业学大庆会议第二阶段会议在北京人民大会堂举行，华国锋主持会议。余秋里作了《全党、全国工人阶级动员起来，为普及大庆式企业而奋斗》的报告。

8月12日至18日　出席中国共产党第十一次全国代表大会，继续当选为中央委员。19日，出席十一届一中全会，当选中央政治局委员。

1978年

2月26日至3月5日　第五届全国人民代表大会第一次会议在北京召开，决定余秋里继续任国务院副总理兼国家计划委员会主任。

3月13日　出席中央政治局会议，讨论国家计委《关于1978年引进新技术和进口成套设备计划的报告》。

4月　根据国务院决定，以国家计委为主，吸收外贸部和北京市的同志参加，组团赴香港、澳门考察，国家计委副主任段云任团长。5月下旬段云率考察团返回北京后写出了《港澳经济考察报告》，5月31日余秋里签发，报党中央、国务院。6月3日党中央、国务院领导听取了段云等人的汇报，表示对这个报告"总的同意"，要求"说干就干，把它办起来。"

6月18日至7月1日　出席五届人大第二次会议。在会上作《关于1979年国民经济计划草案》报告。

12月18日至22日　参加中共十一届三中全会。

年中　经与有关部门研究，并报邓小平、李先念批准，主持引进了一批当时国际上先进的技术设备，包括宝山钢铁总厂和 4 套乙烯、3 套化肥、2 套化纤等共计 22 套现代化技术设备，共计 78 亿美元。这批设备都具有 70 年代国际先进水平，对我国冶金、石油化工发展具有重要意义。

1979 年

1 月 6 日　邓小平约余秋里、方毅、谷牧、康世恩谈话，敲定 1979 年、1980 年计划安排问题。

3 月 17 日　国务院成立进出口领导小组。余秋里任组长，王任重、王震、方毅、谷牧、康世恩、陈慕华任副组长。

5 月 22 日　邓小平找余秋里、姚依林等谈话，商议引进国外航空工业技术等事宜。

7 月 1 日　五届人大常委会第九次会议在北京举行。会议决定设立国务院财政经济委员会，任命陈云兼主任，李先念兼副主任，姚依林兼秘书长，余秋里、王震、方毅、谷牧、薄一波等为委员。

10 月 12 日　随华国锋总理由北京乘飞机到达乌鲁木齐，为访问西欧四国作准备。

10 月 15 日至 11 月 6 日　随华国锋总理访问法国、联邦德国、英国、意大利。

11 月 25 日　石油工业部海洋石油勘探局"渤海 2 号"钻井船在拖航移位时遇 10 级大风翻沉，造成船上 72 名船员死亡。

1980 年

2 月 23 日至 29 日 中共十一届五中全会在北京举行。会议决定恢复设立中共中央书记处,被选举为中央书记处书记。

3 月 27 日 中共中央发出通知,决定余秋里兼任国家能源委员会主任、党组书记。

4 月 2 日至 16 日 应日本政府和日中经济协会的邀请,率中国经济代表团访问日本。

5 月 19 日 向中共中央、国务院报送《访日汇报要点》,并就提高能源利用率、发展教育培养人才、新技术的引进和研究、企业之间的竞争等几个方面提出了自己的思考和建议。

8 月 21 日至 26 日 五届人大常委会第十五次会议在北京举行。会议决定成立国家能源委员会,任命余秋里兼任国家能源委员会主任,免去其国家计划委员会主任职务。

8 月 23 日 出席中央书记处、国务院关于“渤海 2号”事件的联席会议。

11 月 7 日 和石油部领导谈话,对受到处分的前部长宋振明多有褒扬,以期消除石油系统因“渤海 2 号”事件造成的巨大压力。

1981 年

1 月 16 日、2 月 20 日 胡耀邦将国内外对中日联合勘探开发渤海石油的反映批转给余秋里。

3月23日至4月3日　国家能源委员会、进出口管理委员会共同主持召开渤海石油勘探开发论证会。

4月18日　给中央政治局常委写信，汇报渤海石油勘探开发论证会的情况。

4月至8月底　在山西、河南、山东考察，指导煤炭、石油生产。

10月6日至13日　主持能委与计委联合召开红水河规划审查会议，计划在整个河段开发建设10个梯级电站，每年可发电五六百亿度。

1982年

1月28日　参加中央书记处会议，研究中央国家机关机构改革，确定余秋里负责煤炭、石油、化工、冶金、铁道、交通、邮电部和民航总局等8个部门的干部配备问题。

2月8日　中央书记处会议认为，余秋里分工抓的几个部的干部配备工作，贯彻中央方针的态度是积极的，方法是好的。对4个部新班子的人选，基本上同意余秋里提出的方案。

9月1日至11日　出席党的第十二次全国代表大会。在会上继续当选为中央委员，并于十二届一中全会上再次当选为政治局委员、书记处书记。

9月17日　中共中央、中央军委任命余秋里为中国人民解放军总政治部主任。

11月23日　在保定部队考察。

12 月 3 日至 12 日　主持召开五大军区的军、师、团、营、连五级干部座谈会，研究培养军地两用人才、军民共建精神文明、加强基层建设等问题。

1983 年

3 月 15 日至 25 日　在北京主持召开军级领导班子调整汇报会。

5 月 10 日至 17 日　参加总政在浙江金华召开的培养军地两用人才经验交流会。

6 月 4 日至 20 日　参加第六届全国人民代表大会。在第四次全体会议上，根据中央军事委员会主席邓小平的提名，当选为中央军委委员。

10 月 11 日至 12 日　参加党的十二届二中全会，全会一致通过了《中共中央关于整党的决定》。全会选举了中央整党工作指导委员会，主任胡耀邦，副主任万里、余秋里、薄一波（常务副主任）、胡启立、王鹤寿。中央军委确定，在军委常务会议的领导下，总政治部负责领导全军整党的日常工作。

11 月 30 日　在总政党委扩大会议上讲话，着重讲了严格掌握清除精神污染的界限，防止"左"祸回潮。邓小平看了这份讲话以后欣然批示"讲得好"。

1984 年

1 月 31 日至 2 月 1 日　陪同胡耀邦来到广西看望边防官兵。

2月3日至14日　陪同胡耀邦在桂林陆军学校、东营胜利油田等地视察。

3月23日　胡耀邦邀集余秋里、姚依林、胡启立、李鹏、宋平等座谈"七五"计划指导方针问题。

9月中下旬　在上海、舟山、宁波、杭州、无锡等部队视察指导军地两用人才工作。

12月30日至31日　陪同胡耀邦看望华北油田职工。

1985 年

2月　陪同胡耀邦到云南边防前线文山、开远、麻栗坡、蒙自、宜良等地视察、慰问轮战部队。

5月23日至6月6日　参加军委扩大会议，讨论裁军一百万的战略决策，研究制订落实这一决策的措施和步骤。

7月上旬　住进解放军总医院检查身体，发现胃部有病变。

7月31日　在解放军总医院进行手术，胃切除了四分之三，同时摘除了胆囊。

9月18日至23日　出席中国共产党全国代表会议。

9月24日　出席中共十二届五中全会。全会对中央政治局和中央书记处成员进行了局部调整。余秋里仍为政治局委员和中央书记处书记。

10月上旬　主持召开总政办公会议，决定成立关于加强和改进军队政治工作的决定文件起草小组，由总政治部秘书长栗光祥、宣传部部长邵华泽负责。

11 月 13 日至年底 在南京、广州、深圳、珠海等地视察指导。

1986 年

3 月 15 日 在总政派出的整党调研组会议上讲话，强调在整党工作中要敢于面对现实、要回归民主传统、要抵制庸俗作风，将"左"的东西彻底清除干净。

5 月上、中旬 主持召开总政党委会，用 6 个半天的时间，对《关于新时期军队政治工作的决定(修改稿)》逐条进行讨论。5 月 25 日至 31 日，在金华参加南京军区军地两用一体化教育训练现场会。

9 月 28 日 出席党的十二届六中全会。

12 月 11 日至 25 日 出席中央军委扩大会议。讨论中央军委《关于新时期军队政治工作的决定（讨论稿)》。12 月 18 日，参加军委常务会议，讨论总参军务部关于军衔等级、编制和将军数量等问题。

1987 年

1 月 27 日 出席中央军委常务会议。会议通过了《关于新时期军队政治工作的决定》。

3 月 3 日 和杨尚昆向邓小平汇报解放军实行新的军衔制度和授予离休干部功勋荣誉奖章等问题，邓小平同意。

5 月 7 日至 14 日 主持召开全军基层政治工作会议。

10月19日　写信给杨尚昆并报邓小平等中央领导同志。在信中恳请中央不再提名其为十三届中委、政治局委员候选人。同时坚辞中央军委及其他任何职务……

10月25日至11月1日　参加党的第十三次全国代表大会。在会上被选为中央顾问委员会委员。

11月2日　在中顾委第一次全体会议上被选为常务委员。

1988年

5月20日　在北京出席全国石化职工首届美术、书法、摄影作品展开幕式。

1989年

4月22日　在人民大会堂中央大厅参加胡耀邦同志追悼大会。4月27日，在湖南省汨罗市弼时镇唐家桥村，参加任弼时铜像揭幕仪式。

1991年

1月13日　中国军事科学学会在北京成立，刘华清为名誉会长，蒋顺学为会长，余秋里被聘请为高级顾问。

11月27日　在党的十三届八中全会小组会上发言时，狠批大吃大喝之风，认为是一个严重的政治问题。"它影响了党的威信，腐蚀了党的干部，增加了人民负担……发展下去后果严重，建议中央下决心解决这个问题。"

12 月 12 日　出席在人民大会堂举行的 1991 年度国家科学技术授奖大会。这是我国自然科学奖、发明奖、科技进步奖、星火奖的最高级别的授奖仪式。

1992 年

7 月 10 日　和李瑞环、李铁映等，在人民大会堂接见即将参加第 25 届奥运会的中国体育代表团的全体人员。

10 月 6 日　参加党的十三届九中全会，讨论十四大报告（报告稿）。余秋里在小组讨论发言时直率地指出，计划经济体制已越来越不适应形势的发展，弊病很多。从计划经济体制向市场经济体制过渡任务艰巨，我们既要解放思想，又要冷静慎重。

10 月 12 日至 18 日　作为特邀代表，参加中国共产党第十四次全国代表大会。在 11 日召开的预备会议上，被选为大会主席团成员。

1993 年

3 月中旬　出席八届人大一次会议。在江西代表团小组会上发言，对江西的经济发展提了许多合理化建议。

5 月 5 日　在人民大会堂参加中央军委举行的《彭德怀传》出版暨彭德怀诞辰 95 周年座谈会。

6月14日　出席中国篮球学校成立仪式，并与国家体委主任伍绍祖共同为篮球学校揭匾。

11月1日　出席中央军委在人民大会堂举行《贺龙传》出版暨纪念贺龙诞辰97周年座谈会，并在会上发言。

1994 年

6月30日　在解放军总医院做脑瘤切除手术。

10月31日　凌晨，突然昏迷，经解放军总医院诊断为颅内左侧硬膜下血肿，经全力抢救和精心治疗，病情趋于稳定。

1999 年

1月下旬　因感染性休克，病情急剧恶化。

2月3日　11时24分逝世，享年85岁。

2月9日　在八宝山革命公墓举行遗体告别仪式。

特约编审：叶　鹏
统　　筹：张振明　阮宏波
责任编辑：朱云河　忽晓萌　郑牧野　刘敬文
封面设计：薛　宇
版式设计：汪　莹
责任校对：梁　悦

图书在版编目（CIP）数据

余秋里画传／陈道阔　著．－北京：人民出版社，2014.11
ISBN 978－7－01－014137－4

I.①余…　II.①陈…　III.①余秋里（1914~1999）－传记－画册
　IV.① K827=7

中国版本图书馆 CIP 数据核字（2014）第 253111 号

余秋里画传

YUQIULI HUAZHUAN

陈道阔　著

人民出版社 出版发行
（100706　北京东城区隆福寺大街 99 号）

北京尚唐印刷包装有限公司印刷　新华书店经销

2014 年 11 月第 1 版　2014 年 11 月北京第 1 次印刷
开本：710 毫米 ×1000 毫米 1/16　印张：19.25
字数：141 千字　印数：0,001－8,000 册

ISBN 978－7－01－014137－4　定价：48.00 元

邮购地址 100706　北京东城区隆福寺大街 99 号
人民东方图书销售中心　电话：（010）65250042　65289539